KB182309

학교 내 또래문화의 형성과 전파

학교 내
또래문화의
형성과 전파

서민경 · 곽한영 지음

이담
Books

머리말

‘노스페이스 현상’이란 청소년들 사이에서 ‘제2의 교복’이라 불릴 정도로 등산복 브랜드 노스페이스의 패딩점퍼가 유행하는 세태를 이르는 말이다. 노스페이스의 유행은 2000년대 초반, 대중매체의 전파를 타고 청소년들에게 스며들었고, 이후 학교 내 또래집단을 중심으로 급격하게 전파되었으며, 수년간에 걸쳐 광범위하게 확산되었다. 학생들은 서로 경쟁하듯 고가의 노스페이스 패딩점퍼를 구매하였고, 경제적 사정으로 구매하지 못한 학생들은 상대적 박탈감을 느끼기도 하였다.

이 과정에서 부모님의 등골이 빠질 정도로 고가의 바람막이라는 의미에서 ‘등골브레이커’, 대부분의 중고생들이 노스페이스 패딩을 보유하고 있다는 의미에서 ‘노스페이스 공화국’ 등 많은 신조어가 만들어졌다. 신문, 각종 언론매체에서는 학교 내 불어닥친 노스페이스 열풍에 대해 앞다투어 보도하였고, 청소년들의 무분별한 과시소비와 유행을 좇는 행위에 대한 비판의 목소리가 날로 높아졌다.

- 노스페이스 점퍼 빼앗아 내다판 10대 무더기 적발(경향신문, 2012.2.10)
- 등골 브레이커 ‘노스페이스’ 비싼 이유 따로 있었네(동아일보, 2011.4.29)
- 노스페이스 계급도까지 등장, 계급 따라 입는 옷이 달라?(동아일보, 2011.12.18)

· 한국은 지금 '노스페이스 열풍을 앓고 있다(한국경제, 2012.2.1)
· 일진들, 노스페이스만 보면 군침, 대장은 69만 원짜리 빨간색 선호, 일반학생은 뺏길 각오하고 입어(조선일보, 2012.2.9)

　신문기사 제목처럼 노스페이스 현상의 원인을 배금주의에 물든 청소년들의 과시소비로 해석하거나, 비판적 사고력이 부족한 청소년들의 무분별하고 비이성적인 유행을 추종하는 현상이라고 진단하였고 노스페이스와 관련된 자극적인 사례를 소개하며 문제의 심각성을 앞다투어 보도하였다.

　그러나 이처럼 노스페이스 유행을 추종하는 학생들의 행위를 단편적으로 비난하는 것은 현상을 이해하는 데 도움이 되지 않는다. 왜냐하면 청소년들에게 있어 유행은 세대를 아우르며 끊임없이 새로운 형태로 형성되고, 소멸되어 왔기 때문이다. 꾸준히 마니아층을 형성해 온 나이키, 90년대 유학생을 중심으로 형성된 이스트팩 현상처럼 말이다. 보다 중요한 것은 노스페이스 현상에 대한 분석을 통해 학교 내 또래집단 속에서 왜 이런 현상이 계속 반복되고 있는지, 학생들이 부여하는 의미가 무엇인지를 발견하여 학생들을 이해하기 위한 노력이 필요하다는 것이다.

　소비행위는 파편화된 현상이 아니라 그 사회의 문화 속에서 전체적으로 고려되어야 한다. 신문에서 보도된 것처럼 '찌질이', '빵셔틀'

이라 불리는 힘이 약한 학생들이 무시당하지 않기 위해 노스페이스 패딩을 구매하고, 입는 패딩에 따라 또래집단 내 개인의 지위를 부여한 계급도가 등장하고, 부모들은 등골이 휘면서까지 자녀를 위해 비싼 노스페이스 패딩을 입히려고 하는 현실을 보자. 노스페이스 제품은 일회적으로 소비되는 상품이 아니라 학교 내 학생들 사이에 생활 곳곳에 자리 잡은 하나의 문화적 아이콘이다.

이러한 이유로 노스페이스 현상을 연구하는 것은 교사로서 학교 내 또래문화를 이해하는 좋은 사례가 될 것이라는 생각에서 연구를 계획하게 되었다. 학교 내 또래집단 문화를 심층적으로 이해하지 못하고 '노스페이스 현상'을 단순히 윤리적·규범적인 입장에서 평가한다면 아이들을 지도하는 데도 한계가 있을 것이다.

이 책의 발간을 맡아 주신 한국학술정보(주) 사장님과 편집 및 교정을 담당해 주신 편집자에게 진심으로 감사의 말씀드린다. 이 책의 바탕이 된 논문을 쓰는 동안 필자에게 많은 도움말을 주시고 또 이렇게 좋은 기회를 만들어 주신 곽한영 교수님과 격려해 주신 이진석·김석준·진시원 교수님께도 감사드린다. 마지막으로 항상 곁을 지켜 주는 사랑하는 나의 가족과 친구에게 고마움을 전하고 싶다.

서민경·곽한영

차례

제1장

서론

청소년 문화는 다양한 하위 영역으로 구성되어 있다는 있고, 그중에서도 의복은 청소년의 자기표현 수단이자 정체성 형성의 수단이 될 수 있다는 점에서 중요한 하위문화 영역이라고 볼 수 있다. 특히 학교 내에서 형성되는 청소년 문화는 대체로 또래집단 간 상호작용이 바탕이 되어 형성되고 청소년들 사이에 공유되므로 '또래문화'로 이름 짓기도 한다.

본론에서는 학교 내 또래문화의 한 형태로 자리 잡은 노스페이스 현상을 심층적으로 분석하여 노스페이스 현상이 가진 사회적 의미를 도출하고, 학교 내 다양한 또래집단 간 상호작용을 통해 또래문화가 형성되고 전파되는 과정을 살펴보려고 한다. 이를 바탕으로 학교 내 또래문화를 이해하고, 교육적 함의를 찾는 것이 본 연구의 목표이다. 노스페이스 현상이 학교 내 광범위하게 형성되어 있지만, 학생들의 성향에 따라 노스페이스 패딩 제품을 입는 행위에 대해 부여하는 의미는 각기 다를 것이며, 유행에 대한 민감도와 수용하는 태도도 다를 것이라고 가정하고, 연구에 앞서 학교 내 또래집단의 유형을 분류하였다. 목표를 달성하기 위해 다음과 같은 연구문제를 설정하였다.

1) 학교 내 '노스페이스 현상'은 어떠한 과정을 통해 형성, 확산, 소멸되는가?
- 학교 내 어떤 또래집단의 유형이 유행을 선도하는가?
- 유행 확산의 주도하고 적극적으로 편승하는 유형은 무엇인가?
- 유행현상을 거부하거나, 유행에 편승하지 못하는 집단은 어떤 유형인가?

2) 학생들은 '노스페이스' 제품을 입는 행위에 대해 어떤 의미를 부여하고 있으며, 또래집단의 유형에 따라 어떤 차이를 보이는가?

본 연구는 경상남도 Y시에 위치한 고등학교의 학생을 대상으로 연구하였다. 따라서 연구결과를 전체 학생집단으로 확장시키거나, 또래문화의 형성과 전파과정의 일반적인 흐름으로 보기 어렵다는 점에서 제한적이다. 또한 또래집단의 유형을 분류할 때 학생들이 스스로 자신의 주관적인 평가에 의해 집단을 분류하였다. 따라서 연구의 객관성, 정확도 면에서 한계가 있다. 제2장에서는 노스페이스 현상을 이해하는 데 이론적 배경이 되는 청소년 문화이론, 소비이론, 유행이론을 학문적 입장에서 살펴보며, 선행연구에 대해 간략히 살펴보았다. 그리고 학교 내에서 또래집단을 중심으로 유행이 형성되고 확산되는 과정을 제3장부터 제6장까지 유행의 형성, 확산과 분화, 소멸의 순서로 살펴보았다.

제2장

학교 내 또래문화에 대한 이론적 논의

1. 청소년문화

1) 청소년 하위문화

문화에 대해 다양한 의미로 정의할 수 있지만, 일반적으로 문화는 한 집단의 생활양식의 총체라고 말할 수 있다. 그런 의미에서 우리가 청소년 문화, 학생문화라 일컫는 문화는 청소년 세대, 또는 학교라는 공간 내에서 학생이라는 '지위'를 공유하는 학생들이 공유하는 의복, 취미, 언어생활, 사고방식 등을 포괄하는 총체적인 생활양식이라고 볼 수 있다. 그러므로 하위문화의 일부로서 청소년 문화, 학생문화를 연구하는 것은 청소년을 이해하고 받아들이기 위한 가장 기초적인 작업이라고 할 수 있을 것이다.

하위문화는 한 사회의 포괄적인 문화 내에서 특정한 사회집단의 문화형태(cultural form)를 말한다. 특정집단의 하위문화는 그 집단이 처한 사회적·경제적 조건에 따라 사회의 지배적인 문화를 변용하거나 저항적 실천을 통하여 발전시키는 특정한 생활양식이라 할 수 있다. 각각의 하위문화 집단은 라이프스타일을 공유하고 있으며 그것을 통해 집단의 정체성을 확인하고 타 집단과 경계를 설정하며 구성원들 간의 결속을 확인한다. 이처럼 하위문화는 특정 집단의 삶의 조건과 삶의 방식, 정체성을 반영하는 문화형태이며, 지배문화를 때로는 수용하고 때로는 변용하고 때로는 저항하는 실천들의 문화적 산물이다 (조성남 · 이동원 · 박선웅, 2001:27). 우리나라에서 하위문화로서 청소년 문화에 대한 연구는 초기에 주로 청소년의 비행, 일탈과 관련한 주제를 중심으로 다루어졌으나 점차 다양한 관점으로 연구가 확대되고 있다. 문화에 대한 사회학적 관심이 청소년의 연구와 결합되면서 청소년의 '하위문화', '또래문화', '소비문화', '학교문화'에 대한 연구가 활발해지고 있다. 김창남(1995), 한소희(2000)는 청소년들과 대중음악의 소비를 중심으로 하위문화를 연구하였고, 남궁윤선(1999)은 청소년의 패션스타일을 분류하고, 복식을 통해 정체성을 형성하고 구별 짓는 양태를 연구하였다. 청소년 문화를 연구한 선행연구들은 청소년 집단 내에서의 대중문화의 소비, 의복스타일, 여가방식 등의 측면에서 어른들과 다른 특성을 살펴보고 지배규범과의 관계와 그들의 정체성 형성에 대해 연구하였다.

2) 청소년 문화와 학생문화

학교라는 제한된 공간에서 부여되는 '학생'이란 기호가 분명 '그 시기의 청소년'으로부터 근거하되, 청소년문화와는 다른 문화적 상징성을 내면화하고 있기 때문에 학생문화에 대한 이해는 학생문화 자체에 대한 이해와 함께 청소년 문화의 문화적 특성과의 상호 비교를 통한 이질성을 동시에 비교해 볼 필요가 있다(한국청소년개발원, 2005:81).

청소년 문화란, 기성세대가 일구어 낸 주류 문화로부터 그 자양분을 공급받고 기성세대와의 긴밀한 문화전계(enculturation)를 통해 형성되는 하위문화 지대이다. 그래서 청소년이 향유하는 문화물은 부분적으로 기성세대가 형성해 놓은 정치·경제·문화·사회의 토대로부터 연계되어 있다(한국청소년개발원, 2005:82). 동시에 그러한 결과물은 기성세대가 형성에 놓은 위치에서 일정하게 변화·발전하였으므로 이질적이기도 하다. 청소년 문화는 준거문화에 순순히 복종당하거나 지배당하지 않으려는 '반문화'적 요소들도 발견된다. 때로는 방법론에 있어서 준거문화와는 다르게 새로움을 추구하는 이른바 '대안문화'적인 요소도 있다. 반면, 학생문화는 청소년문화로부터 자연스럽게 형성된 자유와 해방의 인식들을 인위적으로 강제해야 하는, 그래서 청소년들에게는 결코 자유롭지 않은 문화지대이다(한국청소년개발원, 2005:83). 이른바 '학교'라는 특수한 공간성에 기인한 '학생'이라는 특수한 지위가 부여한 일종의 학생다운 역할이 청소년들에게 강제되는 셈이다. 이는 다양한 규칙과 통제로 드러난다. 이른바 학업 향상과 생활습관 개선이라는 목적 아래 시간의 통제(일과 시간 운영 등), 공간적 통제, 활동 내용의 통제를 비롯하여 가치관과 표현의 통제로 이어지게 된다.

학교는 교육기관으로서 우리 사회를 지탱해나갈 민주시민을 양성하기 위한 사회화기관으로서의 역할을 담당하고 있다. 그러므로 교육적 목적아래 학생들의 행동 교정과 훈육이 필수적이라고 볼 수 있다. 그러나 이 과정에서 즉 학생으로서 할 수 있는 생각과 행동, 학생으로서 하면 제재되는 생각과 행동이 규정되고 제한되는 것이 사실이다. 이런 이유로 학생 문화는 청소년 문화와는 다른 또 다른 특성을 가질 수 밖에 없다. 따라서 청소년 학교문화는 전체 청소년 문화에서 볼 때 독특한 양식을 갖고 있는 하위문화로 이해하여야 할 것이다(정하성·유진이,2012).

본 연구가 주목한 노스페이스 현상은 청소년 문화, 그 중에서도 학교 내 학생들이 공유하고 있는 학교 내 학생 문화의 한 단면으로 관찰되었다. 그러므로 학교라는 공간이 부여한 특수한 상황과 학생이라는 지위가 부여한 역할 내에서 갈등하기도 하고, 현실과 타협하면서 나름의 질서를 형성해 나가는 학교 내 청소년들의 모습이 연구 과정에서 고스란히 반영되는 것을 확인할 수 있었다.

3) 또래집단과 또래문화

또래집단은 비슷한 연령 또는 비슷한 성숙 수준에 있는 아동과 청소년, 청년들이 비교적 밀접한 상호 작용을 주고 받는 집단이라고 할 수 있다(한국청소년개발원, 2005:60). 청소년기는 가족관계에서 점차 벗어나 친구관계에 참여하는 현상이 자연스럽게 늘어나고 이와 더불어 또래집단의 영향이 아동기에 비해 더욱 커지는 시기이다. 청소년기가 되면 관심이나 흥미가 가족이나 부모로부터 또래집단으로 전환되며 가족이나 학교의 교사보다 또래집단과 더 많은 시간을 보내고 공감대를 형성하는 과정에서 청소년은 사회적인 관계를 배워 나가고 서로에 대한 존중이나 가치를 느끼고 대인관계의 갈등을 해결해 나가는 방법을 이 시기에 체험하게 된다. 청소년은 이러한 친구 접촉을 통해 동등한 입장에서 서로의 사고, 감정, 기대, 요구를 자유로이 교환하는 과정을 거치게 된다. 또래집단에 잘 적응해 나가는 일은 청소년기에 당면하는 가장 중요한 문제 중의 하나이다(장일순, 2007:127). 그러므로 청소년기에 또래집단 내에서의 상호작용은 올바른 사회화와 자아정체감의 형성에 큰 영향을 미친다. 청소년기는 또래집단에의 지향과 동조가 가장 강한 시기이기 때문에 또래 간 적극적이고 원만한 관계는 긍정적인 자아개념과 정상적인 사회생활을 영위하게 하지만 그렇지 못한 경우에는 부정적인 자아상과 함께 어른이 되어서도 사회에 적응하지 못하는 결과를 초래할 수 있기 때문이다(조성남·이동원·박선웅, 2001:32). 이처럼 또래집단은 한 개인의 행동규범을 정하고 성격 형성과 사회성 발달에 영향을 미치는 준거집단의 역할도 담당한다. 급격한 변화를 겪게 되는 청소년은 친구로부터 지지나 신뢰감을 크게 필요로 하며 친구의 끊임없는 송환효과는 청소년이 자아 정체감을 발달시키고 안정된 역할을 수행할 수 있도록 도와준다. 그렇기 때문에 친구 관계가 잘못되는 경우에는 정체의식의 위기와 비행이 일어나기도 하며 자신이 어떤 집단에 속해 있느냐에 따라 장래가 달라지기도 한다(조성남·이동원·박선웅, 2001:32).

청소년 또래집단의 특성은 여러 측면의 요인들에 의해 다양하게 나타나며 한 학급만 보더라도 각각의 특성을 가지는 많은 또래집단이 존재한다. 또래집단은 그들이 처해 있는 상황에 따라 독특한 가치를 창출해 내므로 자신이 속한 또래집단의 특성에 다른 경험을 하게 된다. 특히 학교는 또래집단이 형성되고 활동하는 장이며 우리나라 청소년들이 하루 중 가장 많은 시간을 보내는 곳이 학교라는 점을 감안하면 학교 내에서 가장 빈번한 상호작용이 또래집단을 중심으로

일어난다고 볼 수 있다. (장일순, 2007:128)

또래집단을 형성하는 요인은 다양한 요소들이 복잡하게 작용하고 있으나 그중에서도 또래집단의 지향성은 또래집단의 유형을 구분하는 기준으로 활용될 수 있다. 특히 또래집단의 문화를 세 가지 유형으로 구분한 시도들은 학생-청소년 전반을 포괄할 뿐 아니라 그들 사이에서의 하위 문화적 차이점을 고려할 수 있게 한다는 점에서 매우 유용하다(김병성, 1994; 임은경·안창규, 1994; 최세영, 1996; 이건만, 1990). 김병성(1994)은 학교 내 학생문화의 유형을 진학을 위해 부지런히 공부하는 '학습지향형'과 학교가 지향하는 공식적인 규정이나 규칙에 반항하는 '저항형' 및 '놀이지향형'으로 분류하였다. 조성남·이동원·박선웅(2001)은 선행연구에서 또래집단을 세 유형으로 구분한 것에 착안하여 객관적인 판단에 의한 것과 주관적인 판단을 모두 고려하여 또래집단의 유형을 '순응형', '중간형', '저항형'으로 분류하고 이러한 또래집단의 형성 요인과 유형을 청소년 또래집단의 하위문화로 보았다. 그렇게 분류한 이유는 하위문화가 기본적으로 지배문화와의 관계 속에서 이해되기 때문이다. 지배적인 규범과 가치에 순응하는 청소년 또래집단은 순응형에 속하고, 가장 저항적인 집단은 저항형일 것이며, 순응형과 저항형 사이에는 중간형이 해당될 것이다. 이러한 분류하에서 각각의 또래집단이 일상생활을 어떻게 보내고 있으며, 공유하는 하위문화적 특성은 무엇이며, 타 또래집단에 대해 어떻게 인식하고 평가하고 있는지를 광범위하게 조사하였다. 이 밖에도 여가 실태 분석을 통해 또래집단을 '활동형', '소극형', '중간형', '부정형'으로 나누기도 하였고(고영복, 1980), 궁선영은 또래집단의 놀이문화에 따라 '날라리', '범생이', '평민'으로 나누기도 하였다.

또래집단 구성원들은 서로 상호작용하면서 다른 집단과 구별되는 또래집단 특유의 문화를 형성하기도 하는데 이를 '또래문화'라고 한다. 타일러에 의하면 "문화는 사회성원이 인간에 의하여 습득된 지식, 신앙, 예술, 도덕, 관습 및 제반 능력과 습관 등을 포함하는 전체이다"라고 하였다(권순호, 2000). 따라서 또래문화란 또래집단끼리 느끼는 감정, 행동, 습관, 규칙, 흥미 등 또래집단 구성원들의 모든 생활양식이라고 말할 수 있겠다. 또래문화(peer culture)는 아이들이 또래친구들과 서로 상호작용하는 과정에서 만들어지며, 또래집단 내에서 공통의 활동이나 가치, 관심, 태도 등을 공유함으로써 또래문화의 정체성이 만들어진다(Matha Lash, 2008:33).

4) 또래문화와 의복행동

청소년 집단 내에서도 다양한 성격을 가진 또래집단이 존재하고, 각각의 또래집단은 다른 집단과 차별화되는 의복문화를 형성하면서 집단 내외로 정체성을 강화하는 모습을 보인다. 하위문화 집단들은 의복과 외모 등에서 독특한 스타일을 강조하여 집단적 정체성과 결속력을 표현하며, 구성원들은 동조를 통하여 집단 정체성을 갖는다(유송옥·이은영·황선진, 1996). 또래 집단 내에서 청소년들은 집단 내 친구들과 비슷한 스타일의 의복 등을 착용하기도 하고 비슷한 문화적 취향을 공유하면서 각자의 정체성을 확립하고, 집단만의 뚜렷한 정체성을 자연스럽게 형성해 나간다.

청소년 문화에 대한 초기 연구는 청소년 집단을 동질적인 집단으로 보았다. 초기 연구는 청소년 집단을 동질적인 집단으로 보았다. 그러나 청소년 집단 내에서도 그 양상이 세분화·다양화되어 가는 경향을 보이고 있고, 이 추세는 그들 고유의 문화 상품 소비에 반영되어 다른 세대나 청소년 내 하위집단들 사이에서도 구별되는 소비패턴과 유행을 낳고 있다. 비슷한 맥락에서 황선진·남궁윤선·이종남 (1998)의 연구에서는 청소년 집단이 자신들의 시각에서 사회적 범주를 어떻게 분류하며, 그렇게 분류된 사회적 범주에 따라 의복행동은 어떤 차이를 보이고, 상징물로서의 의복이 그들에게 어떤 의미를 갖는지 연구하였다(황선진·남궁윤선·이종남, 1998). 위의 연구에서 청소년 시각에서의 사회적 범주는, 자유 기술식 설문지를 통해 응답한 다양한 답변들을 범주화시켜 범생이, 평민, 개성파, 날라리 네 가지 유형으로 나누었고 그에 따른 일반적인 행동특성과 의복특성을 조사하였는데 유형에 따라 의복유형이 유의미한 차이를 드러내고 그들 나름대로의 또래문화를 형성하며 구별성을 지니고 있었다. 청소년 패션스타일의 하위 문화적 의미(궁선영, 2001)의 연구에서 청소년들이 자신의 정체성을 '스타일'이라는 매체로써 표현해 내는 모습들을 고찰하고, 이를 통해 이루어지는 실천의 양상들을 살펴봄으로써 청소년 스타일의 하위 문화적 의미를 규명하였다. 앞서 살펴본 선행연구에서 지적된 것처럼, 노스페이스 현상의 형성과 확산이라는 역동적인 문화 과정 속에서 학교 내 또래집단은 서로 다른 반응을 보이며 유행의 형성과 확산을 주도하고, 추종하고, 대항하고, 뒤처지는 등 서로 다른 양상으로 반응하고 있다는 것을 확인할 수 있었다. 따라서 본 연구에서는 선행연구의 또래 집단의 분류 기준을 참고하여 학교 내 또래집단을 성향에 따라 분류하고, 노스페이스 유행문화의 형성과 전파, 소멸과정을 심도있게 살펴보고자 한다.

2. 소비이론

1) 소비문화에 관한 사회학적 이론

> "소비는 모든 점에서 문화적인 고려에 의해서 형성되고, 촉진되며,
> 또 구속받고 있다. 소비재를 만들어 내는 디자인 및 생산 시스템은
> 완전히 문화적인 작업이다. 소비자가 시간, 주의 및 소득을 아낌없이
> 바치는 소비재들은 문화적인 의미로 가득 차 있다(MaCracken, 1997)."

'문화'는 우리의 세계를 해석하고 구성하는 관념과 활동을 의미하고, 소비는 소비재와 서비스가 만들어지고 구입되며, 사용되는 과정을 포함하고 있다. MaCracken이 말한 것처럼 현대 사회에서 문화와 소비는 전례 없는 관계를 가진다. 대량생산과 대량소비가 가능해진 현대 사회에서의 소비는 단지 자원을 소모하는 경제적 행위 그 이상의 의미를 가진다. 이러한 맥락 안에서 소비는 물질적이고 일차적인 소비욕구의 만족을 위한 수단으로서의 의미를 벗어나 그 자체가 상징으로서의 소비, 기호로서의 소비의 의미로 변화되었다. 즉 소비는 문화형성의 주된 구성 요인으로서 소비문화를 형성하게 되고, 소비자들은 재화의 의미를 소비함으로써 문화적 범주와 원리를 사용하고 자신의 라이프스타일을 창조, 유지하며 자아 개념을 형성하고 정체성을 표현하게 된 것이다(전승녕, 1999).

이러한 의미에서 청소년들이 노스페이스를 구매하고 입는 행위는 단지 소비적 측면에 국한된 것이 아니라 청소년이 노스페이스에 상징적 의미를 부여하고 그러한 과정을 통한 또래문화를 형성하는 과정으로 보아야 한다.

그렇다면 무엇이 사람들에게 독특한 소비스타일을 형성하게 하고 집단들 간에 혹은 계층 간에 특정 유형의 소비스타일을 공유하며 정체성과 유대를 형성하도록 하는가? 이 질문에 대한 접근은 크게 두 가지 방향으로 진행되었는데, 하나는 자본논리로 생산방식의 특성 변화에 초점을 맞추는 생산 주도적 접근이고, 하나는 생산과 독립적인 다른 요인들, 특히 소비자의 주관적 의미 부여에 주목하는 소비 주도적 설명이다(Lury, 1996).

이 연구에서는 청소년들의 노스페이스 소비, 유행현상을 분석하기 위해 사회학적 시각에서 소비를 통해 의사소통하여 문화를 형성하는 과정에 초점을 맞춘다.

언론에서는 노스페이스 현상의 원인을 청소년의 과시소비 욕구에서 찾고 있다. 후술하겠지만, 성인과는 차별되는 청소년의 소비행태에 대한 연구결과, 청소년 소비는 성인에 비해 확실히 과시소비, 유행추구와 같은 비합리적인 소비 성향이 뚜렷하게 드러나는 측면이 있었다. 노스페이스 현상 역시 소득이 없는 청소년이 입기에는 과도하게 고가의 제품이나, 그럼에도 불구하고 더 높은 가격의 제품을 소비하기 위해 경쟁하는 문화가 학교 내에 광범위하게 형성된 것이다. 따라서 소비와 관련된 이론―특히 과시 소비, 그리고 소비가 갖는 문화적, 사회적 의미에 주목한 기존의 이론을 살펴보는 것은 노스페이스―라는 브랜드의 제품을 구매하는 행위가 학교 내 구성원들 사이에서 갖는 의미에 대해 보다 깊이 있게 접근 할 수 있는 여지를 제공해줄 것이다.

생산주의 패러다임이 지배적이던 19세기 말 소비현상을 체계적으로 연구한 이론가는 Veblen(1989)이었다. 그는 재화나 용역의 사용을 통하여 그 효용을 얻는 목적보다는 금전력을 과시하는 것을 목적으로 되도록 많은 재화와 용역을 소비하는 것을 과시소비로 보고, 사람들은 부의 전시를 통해 자신의 지위나 명예를 나타내고자 하는 것을 과시소비라고 정의하였다. 그는 상류계급이 자신의 높은 신분을 과시하기 위해 과시소비를 하는 것으로 보고 소비행위를 일종의 차별화 전략이라고 설명하였다.

Mason(1984)은 과시소비의 발생을 개인의 인성적 동기에 의한 것이라기보다 사회적 동기에 의한 것이 더 크다고 보고 Veblen의 이론을 거시적으로 확장시켰다. 그는 과시소비에 대해 지위상품을 고가의 가격으로 구입할 수 있는 경제적 능력을 다른 사람들에게 과시하고 싶은 욕망에 의해 자극받아 행해지는 것으로 보고, 가격이 높을수록 더욱 과시 욕구를 충족시킬 수 있으므로 오히려 수요가 더 증가한다는 일반적인 수요이론과는 상반되는 과시소비 현상을 설명하였다(김홍복, 2001). 그리고 Leibenstein(1950)의 '베블렌 효과(Veblen effect)', '벤드웨건효과(Bendwagon effect), 스놉효과(Snob effect)를 통해 나타나는 다양한 형태의 소비가 모두 과시소비에 해당한다고 설명하며 과시소비의 범위를 확장시켰다.

Wiswede(1972)는 사회의 전반적인 생활수준의 향상으로 인해 과시소비 현상을 모든 사회계층에서 찾아볼 수 있다 하여 이러한 현상을 '사치의 평등화'라고 언급하였다. 또한 그는 다양한 과시소비의 형태를 설명하였는데 첫째는 소비지출의 질적·양적인 면에서 나타나는 과시소비 형태이며, 둘째는 다른 사람들이 익숙하지 않은 신상품을 구입하려는 과시소비인데, 이것은 과시소비가 전 계층으로 확산됨에 따라 타인으로부터 인정받기 위해 발생하는 것이라고 설명하였다. 셋째,

값비싼 재화를 구입하는 형태로 가격수준과 상품품질을 동일하게 간주하며 고가의 상품을 구매하면 자신도 비슷한 지위수준으로 인정받을 수 있다고 생각하여 발생하는 소비형태, 넷째, 낮은 가격의 재화를 구입하는 합리적·경제적 소비자 행동을 통해 자신의 숙련된 상품 구입 능력을 과시하려는 형태라고 하였다(김지영, 1998에서 재인용). 과시소비자는 물건을 소비하면서 얻는 기능적인 가치 때문에 효용을 얻는 것이 아니라 그 재화를 소비할 수 있는 능력을 가졌다는 것을 남에게 보임으로써 남들이 자신의 부에 반응하는 것에서 만족을 얻기 때문이다. 그렇기 때문에 과시제품 구매의 가장 결정적인 요인은 품질보다는 제품의 가격이나 상품의 명성 때문이라고 볼 수 있다. 현재 우리나라에서 나타나고 있는 과시소비는 구체적으로 제품의 지위, 상징성, 인식, 타인이 인정하는 제품 및 유명상품 선호, 국산품보다는 외제품 선호, 고급제품 구입 및 다른 사람들에 비해 고가품을 구매하고자 하는 것이다(안영희, 1999).

Simmel은 20세기 초반 급격하게 팽창하던 독일의 도시사회의 소비행태를 분석하였다. 도시의 삶은 '평준화되고 마모되는 것'에서 벗어나려는 욕구를 생성시켰고, 사람들은 삶의 스타일, 즉 특정사회집단에 고유한 것이면서도 개인의 기호를 나타내 줄 수 있는 품목들의 범위 안에서 소비해야 할 필요성을 인식하게 되었다(Simmel, 1971). 대도시에 사는 사람들은 자신이 보여주고 싶은 정체성을 표현하기 위해 소비하였다. 이는 다시 '구별 짓기'를 향한 경쟁을 낳게 되었다. 왜냐하면 대부분의 중간계급과 중하층 계급사람들은 더욱 상위의 사회적 집단의 습관을 모방하므로 상위집단은 끊임없이 소비양식을 모방하게 되는데 이로 인해 상위집단은 끊임없이 차별화를 위해 소비양식을 바꿔야 하기 때문이었다.

　Baudrillard는 "우리는 사물이 아니라 단지 기호를 소비하고 있다"라고 말했다. 우리가 소비하는 상품은 사용가치와 교환가치뿐만 아니라 기호가치를 가지며 나아가 상품의 소비는 사용가치(유용성)에 의해서가 아니라 기호가치(상징적 의미)로 규정된다고 하였다. 이때 사용가치는 소비의 전제조건에 불과하며 기호가치가 소비의 진정한 의미이다. 기호가치의 소비는 다음과 같은 점에서 사회적 측면을 띠게 된다. 첫째, 사물의 사용가치는 혼자서 즐길 수 있지만 기호가치는 항상 다른 사람, 다른 사물과 관련되어 있기에 소비자는 결코 혼자서 소비하지 않는다. 둘째, 기호로서 사물은 사회적 서열에서 차이가치를 갖기 때문에 기호가치의 소비는 타인과 구별 짓는 행위가 된다(Baudrillard, 1995). 이를 이용한 기업들은 상품의 고급스러운, 긍정적 이미지를 만들고 소비자에게 주입하기 위해 다양한 전략을 사용한다. 소비자들은 상품판매의 목적으로 기획된 광고에 의해 둘러싸여 있으며 이렇게 사람들을 시각적·청각적으로 포위한 광고는 사람들에게 상품에 대한 이미지를 주입하고 상품의 의미를 조작적으로 형성해 내어 소비질서의 체계에 편입시키는 일을 담당하고 있다. 이를 통해 사람들로 하여금 기본적인 필요와 욕구를 초과하여 소비하게 하는 방식은 상품의 차이로 서열화된 기호체계를 따라서 사람들을 줄 세우는 것이다. 다시 말해 소비를 통해 구체적인 상품과 물건을 구매하게 하는 데 그치는 것이 아니라, 상품의 차이가 만들어 내는 서열의 질서 속에 사람들을 집어넣는 것이다. 따라서 소비는 단순히 구매하고 욕구를 채우는 일이 아니라, 인간을 규정하고, 존재하게 하는 방식이 된다. 여기서 인간의 본질은 미묘하게 변질되어서, 인간은 더 이상 상징적 형이상학적 의미로 정의되기를 그치고, 사회가 만들어 낸 우연적이고 문화적이며 인위적인 서열의 질서 속에 자리매김한 추상적인 기호가 된다(Baudrillard, 1995).

Bourdieu는 취향이 단지 개인적 선택의 결과가 아니라 사회적으로 조직된 것이라는 사실을 밝히고자 하였다. 그는 지위집단이나 계급집단이 자신이 속한 집단의 생활방식을 다른 집단과 '구별 짓는' 데 유용하게 쓰이는 소비양식을 통해 스스로를 차별화하는 방식을 분석했다. 그는 사회적 지위라는 개념과 지위집단이 자신의 생활방식을 타 집단과 구별 짓기 위해 특수한 소비양식을 이용하는 현상, 그리고 소비가 기호, 상징, 관념, 가치를 포함한다는 생각을 연결하였다. 그 결과 특별한 취향의 집합과 소비에 대한 선호와 생활양식의 실천이 특정직업과 계급분파와 연합되었다는 것을 특수한 종류의 자본들(경제자본, 문화자본, 사회자본, 상징적 자본)을 중심으로 한 상징 권력론과 아비투스의 개념을 사용하여 경험적으로 밝힌다. Bourdieu 이론의 첫 번째 중요성은 취향으로 구성되는 상이한 생활양식이 사회적 지위를 상징적으로 표현하고, 인식하게 한다는 점이다. 즉 특정집단 혹은 계급의 생활양식은 사회적 지위를 상징적으로 드러내며, 사람들은 생활양식을 통해 사회적 지위를 인식한다. 두 번째, 취향은 평가적이라는 것이다. 취향은 단순히 계급적 차이가 아니라 계급적 차별을 생성시키며 궁극적으로 계급 지배를 정당화하는 기능을 한다. 지배계급은 자신의 취향의 우월성을 확보하고 유지함으로써 피지배계급과 구별 짓기와 거리 두기를 하며 그것으로부터 자신의 정체성과 지배의 정당성을 강화한다. 취향의 평가적 측면은 포용과 배제의 원리로 작용한다(남은영, 2011).

2) 청소년의 소비행동

최민영(2009)은 청소년의 소비태도를 무분별하며 무계획적이고 충동적이고 과시적이며 유행에 민감하고, 소비에 대한 욕구가 강하고 물질주의적이며 남의 눈을 의식하는 것으로 파악하였다. 김지영(1998)은 오늘날 청소년들은 부모로부터 풍부한 물질적 자원을 받고 자랐기 때문에 소득이 없지만, 부모보다 높은 소비성향을 지니며 과시적이고 자기표현이 적극적이라고 하였다. 박종미(2003)는 자아존중감이 높고, 부모님의 의견을 많이 반영하고, 친구의 영향을 덜 받을수록 현시적 소비와 충동구매 행동을 덜 한다고 하였다. 그리고 대중매체의 수용도, 상호작용 시간이 증가할수록 과시적 소비성향, 유행 추구 성향과 같은 비합리적인 소비성향이 나타났다(김민정, 2001). 청소년의 소비행동과 관련된 선행연구는 성인과는 차별되는 그들의 소비행위의 특수성을 파악하고, 청소년기의 심리적 특성과 연관 지어 설명하고 있었다.

3. 유행이론

20세기 초 의복이 대량생산되면서, 패션은 민주적인 동시에 사회적인 과정이 되었다. 기성복 출현 이전에는 패션은 일반적으로 부유한 계급, 상위의 계급만이 향유하는 것이었다. 하지만 대량생산은 대중에게 유행을 가진 의복을 제공할 수 있도록 해 주었고, 바로 이 시기에 사회학자들은 집단행위로서의 패션 과정에 관심을 가지고 연구하기 시작했다(Susan. B. Kaiser, 1989).

패션의 유행과정을 연구하여 유행의 전파 과정을 초기에 이론적으로 정립한 학자로는 Simmel이 대표적이다.

1) Simmel의 유행론

Georg Simmel(1958～1918)은 1895년에 '유행의 심리학 사회학적 연구'에서 일견 피상적으로 보이는 유행이라는 현상이 실제로는 현대사회와 문화의 심층적 본질과 구조에 연결되어 있다고 설명한다. Simmel에 따르면 유행에는 첫째로, 타인이나 집단을 모방하고자 하는 개인 심리가 작용하며 둘째, 유행은 사회적 집단 내의 상호작용이라는 주요한 사회학적 현상이라고 말한다. 즉 개인은 유행을 통해 자신을 표현하고, 개체화시키며 욕구를 충족하고 이를 통해서 사회적 상호작용을 하게 된다는 것이다. 셋째, 유행은 시대적 삶의 심층적인 구조와 본질이 개인적 · 사회적 차원과 수준에서 표현된 것이며, 끝으로 현대사회에서 유행이라는 문화적 요소와 자본주의적 화폐경제라는 경제적 요소가 결합된 것이 유행이다.

김덕영(1999)은 '이스트팩(EASTPACK)'이라는 미국제 가방을 메고 다니는 유행에 대한 경험적 사례연구를 하였다. 그는 젊은 세대를 인터뷰하여 유행의 주도세력과, 사회적 확산과정을 밝혀내었다. 젊은 세대들은 유행에 편승함으로써 기성세대의 행위유형 및 생활유형과 근본적으로 구별 지으려는 세대 간 구별 짓기의 경향이 나타난다고 하였으며 같은 유행을 공유하는 구성원들끼리는 동일한 브랜드의 소비를 통해 집단의 정서와 문화를 공유하며 집단적 소속감을 갖게 해준다고 하였다. 한승민(2004)은 Simmel의 유행론과 Maffesoli의 신부족

사회이론에 근거하여 한국사회에서 나이키 소비가 갖는 의미를 사회
적 · 문화적 맥락에서 분석하였다.

2) 유행 전파이론

패션에 관한 연구는 '유행하고 있는 스타일 자체에 관한 연구'와
'그 스타일이 사회적으로 확산되는 과정에 대한 연구'로 크게 나누어
질 수 있다(김선숙 · 이은영, 1995). 본 연구는 노스페이스 현상이 학
교 내에서 확산되어 가는 과정에 대한 연구이므로 후자에 주목하고
있다. 유행의 전파는 어떤 스타일이 의복 생산에 의해 소개되면서부
터 다수의 소비자에 의해 채택되기까지에 이르는 집합적 행동의 과
정을 말하는 것으로(Susan B. Kaiser, 1982) 각각의 학문적 배경에 따라
다양하게 제시되어 왔다. 유행의 전파 방향에 따라 대표적으로 하향
전파이론과 수평적 전파이론을 간단하게 고찰해 본다.

하향전파이론(Trickle - down Theory)은 스타일이 사회적 엘리트층이
나 상류층에서 하류층으로 '전해져 내려온다(trickle down)'는 것이다.
이는 Simmel(1957)의 관점으로 유행의 전파 과정에 자신보다 상위의
계층을 모방하려는 하위 계층의 욕구에 의해서 유행이 확산된다는
것이다. Simmel의 이론은 과시적 소비가 유행 추종의 주된 목표라고
생각했던 Veblen(1983)의 생각과 유사하다(전승녕, 2000).

> 하류계급이 상류계급의 스타일을 모방하기 시작하자, 그것으로 인
> 해 상류계급이 만든 경계선을 무너뜨리고 상류계급의 긴밀한 결합
> 의 획일성을 파괴하면, 상류계급은 이 스타일을 무시하고 새로운
> 스타일을 채택한다. 그런 방식으로 대중과 그들을 구별한다. 그리
> 고 이렇게 게임은 계속된다(Simmel, 1957:545).

수평적 전파이론(Trickle-Across Theory)은 Charles W. King(1964)이 주장한 것으로 Mass market theory로 불린다. 비슷한 사회계층의 집단들 사이에서 유행이 수평적으로 이동하여 확산되며 그러한 과정을 통하여 비슷한 사회 세계의 사람들이 서로 영향을 미친다고 하였다. King은 유행선도자나 추종자와의 상호작용은 대부분 같은 집단 내에서 이루어진다고 하였다(김정실, 1999).

Blumer(1969)의 집합선택이론(Collective Selection Theory)은 유행 선도력이 상류층에 한정되어 있지 않고, 새로운 유행은 집합선택과정, 즉 군중들의 취향이 많은 사람들에 의하여 형성될 때 이루어지는 과정으로부터 나온다고 하였다. 이 이론은 유행에 대한 사회의 영향을 강조한 것으로 사회환경의 영향에 의하여 그 안에 사는 사람들이 공통적인 취향을 형성하게 되고 이것으로부터 집합적인 선택 현상이 나타나게 된다는 것이다. 집합선택 이론에서 유행 선도자의 역할은 집합적으로 선택된 스타일을 탁월한 안목을 가지고 먼저 선택하는 사람에 지나지 않는다. 즉 대중은 유행선도자를 따르는 것이 아니라 이들이 대중의 선택을 먼저 착용하는 것일 뿐이다(이희남·김광경, 1989). 대중매체의 강력해진 영향력은 소비자들로 하여금 유사한 가치기준을 가지게 하고 취향이나 생활양식에 있어서 동질화를 추구하게끔 하고 이렇게 동질화된 가치는 동일한 스타일을 지향하게 하며 여기서 더 급속화된 생산, 마케팅 기술의 발달로 인하여 유행 확산의 집합적 채택현상이 일어난다는 것이다(김선숙·이은영, 1995).

3) 청소년과 유행

청소년은 전반적으로 의복과 외모에 대한 관심이 높으며, 타인으로부터의 인정을 얻거나 주의를 끌기 위해 의복의 과시적 경향을 나타내고 이런 의복태도로 인해 유행의복을 선택하는 경향이 있다(심정은, 고애란, 1997). 이은경(1986)은 청소년은 대중매체의 영향을 받아 충동적 소비행동을 보이고 유행에 민감하여 모방경향이 높다고 하였다. 청소년들은 자기만의 개성을 중시하고 이를 표출하며 유행에 민감한 특징을 지니고 있으며 이들의 소비취향은 기능적이고 합리적이기보다는 감각적이고 순간적인 면이 강하다는 비판도 있었다(구정화, 1997).

청소년기의 유행채택행동(구은영, 조필교)의 연구에서는 청소년 소비자는 유행이나 의복에 대한 강한 관심과 생활에서 의복이 가지는 중요성에 의해 유행 선도력의 혁신성이 커지고 정보탐색도 많이 하는 것으로 나타났다. 특히 중, 고등학교 청소년을 대상으로 한 연구에서 서정희, 백경미(1993)는 의복에 대한 관심도가 높고, 지속적으로 정보를 탐색하는 학생들이 의견 선도력이 높아 다른 집단에 영향을 미친다고 설명한다.

4. 연구방법 및 연구설계

본 연구는 신문, 잡지기사 및 통계자료, 선행연구들을 활용하였고 노스페이스 현상의 의미를 찾기 위해 개별 인터뷰와 조사대상이 된 학교의 실태파악을 위한 질문지법을 병행하였다.

1) 연구대상

본 연구는 경상남도 A시에 위치한 인문계 고등학교 한 곳을 선정하여 1,2,3학년 전체를 대상으로 연구하였다. Y지역은 농촌과 도시의 모습이 공존하는 지역적 특성으로 인해 학생들의 가정배경이 다양하게 나타난다. 대단위 아파트 단지가 들어선 신도시 지역 내에 거주하는 학생의 경우 경제적으로 풍족한 경우가 많으나 도시 외곽 지역에 거주하는 학생의 경우 상대적으로 여유롭지 못한 경우가 많아서 빈부격차가 심하게 나타나는 경향이 있다. 이는 학생들의 옷차림으로 나타나기도 하여 고가의 브랜드 제품을 구매하여 입는 학생과 그렇지 못한 학생이 뚜렷하게 나뉜다. 조사대상이 된 학생 수는 남학생 604명, 여학생 512명으로 1학년 363명, 2학년 363명, 3학년 388명 전체 1,114명이다.

2) 연구방법

(1) 문화기술지(Ethnography) 연구방법

문화기술지는 한 문화를 이해하는 과정의 기록이다. 문화기술지는 연구자가 연구대상 집단의 생활세계 속에서 참여관찰을 통하여 얻게 된 그 사람들의 가치, 지식, 기술을 정리한 것이다(조용환, 1999:114). 인류학자들은 일정한 지역에 장기간 거주하면서 그 지역의 언어와 풍습을 익히고 주민들의 일상생활에 최대한 참여하여 그들의 삶과 문화를 체계적으로 이해하는 문화기술지 연구의 전통을 수립해 왔다. 문화기술지 연구방법은 과학철학에서 말하는 구성주의(constructionism) 혹은 해석주의(interpretivism)라 불리는 인식론에 바탕을 두고 있다. 이 관점에 따라 세상의 질서는 초인간적인 어떤 힘이나 원리에 의해 결정되는 것이 아니라 사람들의 집단적 사고와 경험에 의해 구성, 재구성되는 성격인 것이다.

따라서 문화 기술적 연구자에게 중요한 것은 실험이나 조사를 통해 객관적으로 가정된 질서의 진위를 입증하는 일이 아니라, 한 인간 집단이 어떤 질서 속에서 생활하고 있는가, 왜 그러한 질서체제를 구성하게 되었는가를 이해하는 일이다. 이러한 인식론은 세부적인 수준에서 총체적 관점, 어떤 현상이든 구체적이고 자연적인 맥락 속에서만 온전하게 파악할 수 있다고 하는 자연주의적 관점과 문화 상대주의 관점으로 표명된다(조용환, 1999:115).

문화기술지연구의 두 가지 대표적인 기법은 참여관찰(participant obsevation)과 심층면담(ethnogrophic interview)이다. 특히 문화기술적 심층면담은 질문의 내용과 방식을 사전에 계획하지 않고 면담자—피면담자의 관계와 면담의 상황적 유동성을 최대한 고려하는 열린 형태의 비구조적 면담(unstructured interview)이다. 질문을 통해 문화를 심층적으로 잘 이해하기 위해서는 누적적인 면담을 해야 한다. 처음에는 포괄적인 질문부터 시작해서 뒤이어 사물의 속성, 기능, 의미 등을 확인하는 질문을 던지게 하고 이러한 정보들을 종합하여 마침내 해답에 도달하게 된다. 심층면담은 이처럼 많은 사람, 사물 또는 현상들의 존재와 관계를 확인한 끝에 비로소 사람, 사물, 현상의 정체(identity)를 파악하게 된다. 심층면담에서 연구자는 초기에 기초적·기술적·분석적인 질문을 주로 하고 후기에 대조적·평가적·종합적인 질문을 많이 하는 것이 좋다(조용환, 1999:121). 이런 점들을 고려하여 심층면담을 실시하고 녹음기록을 분석수준에 맞게 텍스트화한 다음, 여러 경로로 수집한 자료들과 함께 문화기술지 작성을 위한 기초자료로 활용하였다.

(2) 자료 수집 방법

① 문헌연구

노스페이스의 유행이 학생들 사이에서 하나의 또래문화로 자리 잡은 현상을 분석하기에 앞서 실태파악을 위해 신문기사를 검색하였다. 각종 포털과 각 신문사 홈페이지에서 기사 검색서비스를 활용하여 2009년경부터 최근까지 노스페이스 현상의 흐름을 파악할 수 있었다. 또한 각 방송사의 뉴스, 특집 프로그램에서 노스페이스 현상에 대해 어떤 시각으로 바라보고 있는지 알아보고, 실제 청소년들이 바라보는 것과 비교하기 위해 청소년들이 즐겨 찾는 네이트 판(http://pann.nate.com)에 올라온 관련 사례를 검색하였다.

② 심층면접

현재 조사대상이 된 학교에서 노스페이스 현상의 실태를 파악하고 학교 내에서 노스페이스 현상의 형성과 확산 과정을 살펴보기 위해 심층면접을 실시하였다. 노스페이스 현상이 또래집단 내에서 확산되는 과정을 파악하기 위해서는 또래집단에 대한 분류가 선행되어야 하므로 선행연구를 참고하여 또래집단을 분류하였다. 본 연구에서는 조성남·이동원·박선웅(2003)의 연구를 바탕으로 '순응형', '중간형', '저항형'으로 또래집단의 유형을 분류하고 연구를 진행하였다. 분류 근거는 다음과 같다.

조성남·이동원·박선웅(2003)에 의하면 하위문화는 기본적으로 지배문화와의 관계 속에서 이해된다고 하였다. 또래문화 역시 학교문화를 구성하는 일부이고, 따라서 이는 학교문화와의 관계 속에서 이해되어야 한다. 실제 학생들이 일과 중 대부분의 시간을 보내는 곳이 학교이고, 학교 내에서 또래집단을 형성하고 교류하는 과정에서 그들만의 문화가 형성된다. 그런데 학교문화는 교칙에 의해 통제되기 때문에 다소 경직되어 있을 뿐 아니라 지배문화를 재생산하고 학생들에게 전달하는 기관이라는 특성상 또래문화는 학교문화라는 틀 속에서 통제되고, 규제를 받기도 한다. 이러한 과정에서 학교의 지배문화에 잘 적응하고 순응하는 또래문화가 있는가 하면 학교라는 지배문화와 충돌하고, 저항하는 또래문화도 있을 것이다.

따라서 학교 내 지배적인 규범과 가치에 순응하는 또래집단은 순응형으로 분류하고, 지배규범에 반항, 적대적인 집단은 저항형, 그리고 순응형과 저항형 사이에는 중간형으로 분류하였다. 실제로 노스페이스의 유행을 선도한 학생들이 소위 '일진'이라고 불리는 학교체제에 저항적인 학생들이었다는 점은 이러한 분류기준의 타당성을 뒷받침해 준다.

이러한 분류기준을 바탕으로 2011년 12월 당시 2학년 남학생, 여학생 각 2반을 대상으로 세 가지 유형을 제시하고, 각각의 또래집단의 특성에 대해 자유롭게 기술하고 자신이 속한 또래집단을 표시하게 하는 설문지를 작성하도록 했다.

중간형 집단은 저항형과 순응형의 특성을 적절히 조합한 혹은 양측의 특성을 가지지 않은 집단으로 중간의 성향을 가지는 또래집단이다. 이들은 모든 학교생활과 개인생활 영역에 있어 적당한 태도를 취하는 집단이다. 어느 정도 적정수준에 교칙을 위반하기도 하나 크게 일탈하지 않는다. 공부와 친구관계의 적절한 조화 아래 이 중간에 속하는 학생들은 교우관계에 있어서도 원만하다. 경우에 따라 순응형 쪽에 좀 더 치우친 경우도 있고, 저항형을 추종하는 성향을 가진 학생들도 포함되어 있다.

저항형 또래집단은 학교의 규범, 규칙에 적응하지 못하고 일탈하는 집단이다. 학교 내에서는 학업에 관심이 없어 무기력하고 항상 잠에 취해 있는 모습을 보이고 학교의 각종 행사에 비협조적인 태도를 보인다. 교사와 적대적인 관계인 경우가 많으며 학교생활에 불성실한 태도를 보이는 경우가 많다. 학교 밖에서는 오토바이나 자동차를 즐겨 타고 다니면서 폭주를 즐기기도 하며, 상습적인 흡연과 음주를 즐겨 하는 집단이다. 유흥비를 벌기 위해 배달 아르바이트를 하는 경우도 많으며 돈이 부족할 때는 힘이 약한 친구들에게 돈을 뺏기도 한다. 싸움을 잘하는 학생들이 많으며 학업보다는 유흥을 쫓는 집단이다.

순응형 또래집단은 기존질서에 순응하는 집단으로 학교교칙을 잘 지키며 교사에 대해 순응적인 태도를 보인다. 교칙을 어기고 일탈적 놀이문화를 즐기는 것에 대해 부정적으로 평가하고 있으며, 대체로 대학 진학을 목표로 열심히 공부한다. 순응적인 태도를 보이면서 공부를 잘하고, 매사에 의욕적인 학생이 있는 반면, 성격이 조용하고 튀는 행동을 하지 않지만 진학에 큰 뜻이 없고 매사에 무기력한 학생들도 있었다. 이들의 문화는 지배문화의 지배문화에 편입되고 종속된 순응적 하위문화로서 기성세대와의 조화를 이루고 자신의 일상을 무리 없이 지속시켜 나간다.

자유기술식 설문지 내용을 바탕으로 대표적인 응답을 정리하면 다음과 같다.

또래집단 유형	또래집단 유형별 특징
순응형	· 교칙을 잘 지키고 선생님 말을 잘 듣는다. · 공부를 열심히 하고, 대학이나 진로에 관심이 많다. · 뭐든지 열심히 하고 친구들과도 잘 지낸다. · 성격이 조용하고 튀는 행동을 하지 않는다. · 수업태도가 바르고 정독실에 들어간다. · 옷에 별로 관심이 없다. · 모범생이지만 집이 잘살면 비싼 옷을 입는다. · 옷을 센스 있게 입지는 않지만 브랜드 있는 옷을 입으려고 하는 것 같다. · 모범생도 있지만 존재감 없이 구석에 있는 애들도 있다. · 술, 담배를 잘 안 해서 별로 혼날 일이 없다.
중간형	· 소심해서 눈에 띄게 놀지 못하고 어정쩡해서 크게 존재감이 없다. · 일진들 사이에 끼여 놀고 싶어 잘 노는 척한다. · 공부도 어중간하고, 화끈하게 놀지도 않는다. · 교칙을 조금씩 어기면서 멋을 부린다. · 술, 담배를 하기도 하고 안 하기도 한다. · 유행하는 옷을 잘 입고 다닌다.
저항형	· 학교에서 수업은 안 듣고 매일 잔다. · 옷을 잘 입는다. 비싸고 좋은 옷, 센스 있는 옷 · 학교에서 징계를 자주 받는다. 술, 담배를 한다. · 여자애들이랑 친하다. 여자 친구가 있다. 문란하게 논다. · 욕을 잘하고 애들 것을 잘 뺏는다. · 교복을 심하게 줄여 입고 교칙을 거의 안 지킨다. · 오토바이 배달 아르바이트를 한다. · 술집에 자주 간다. · 공부를 안 하고, 진로에 관심이 없다.

설문지 내용을 바탕으로 또래집단 분류 내용을 확정짓고, 또래집단을 대표하는 학생들을 표집하였다. 심층면접은 2011년 12월부터 2012년 4월까지 진행하였다. 본문에 담은 학생의 인터뷰 내용은 내용의 실제성을 위해 최대한 가공 없이 그대로 담았다.

– 심층면접 대상자

심층면접의 대상자는 총 12명이다. 성별·학년별 또래집단의 특성을 반영하여 골고루 표집하였다. 먼저 자유 기술식 질문지에 성의 있게 응답한 학생들을 중심으로 면접집단을 구성하였고 학생들을 잘 파악하고 있는 담임교사들의 조언을 받아들여 최종 면접집단을 구성하였다.

저항형 3명(남학생 2명, 여학생 1명), 중간형 3명(남학생 2명, 여학생 1명), 순응형 6명(남 3명, 여학생 3명)으로 인터뷰 집단을 최종 구성하였다. 순응형 집단의 학생이 많은 이유는, 튀지 않고 조용하게 학교생활을 하면서도 학습의지가 강하고 성적이 우수한 모범생 집단과, 조용하나 매사에 의욕이 없고 소극적이며 목표의식이 불분명한 집단으로 나누어 표집하였기 때문이다.

▶표 2 심층면접 대상자

이름	성별	유형	가정형편	패딩 보유 여부	보유색상
M1	남	저항형	하	• 노스페이스 패딩 4개 보유 (히말라야, 드라이로프트써밋 700, 하이브리드 800, 눕시) • 그 외: 블랙야크, 코오롱	검은색 빨간색 파란색 노란색 보라색
M2	남	저항형	상	• 노스페이스 패딩 3개 보유 (드라이로프트 써밋 800, 하이브리드 800, 눕시 600) • 그 외: 코오롱	노란색 빨간색 검은색 파란색
F1	여	저항형	하	• 노스페이스 패딩 눕시2 600	빨간색 검은색
F2	여	중간형	하	• 노스페이스 패딩 눕시2 600	검은색
M3	남	중간형	상	• 노스페이스 패딩 없음 • 나이키 패딩 2개 보유	검은색 주황색
M4	남	중간형	하	• 노스페이스 드라이로프트써밋 700	파란색
F3	여	순응형 (모범생형)	상	• 노스페이스 패딩 700	특이한 무늬
F4	여	순응형 (모범생형)	상	• 노스페이스 패딩 없음 • 그 외: 퓨마, 아디다스, 나이키	

M5	남	순응형 (모범생형)	상	• 노스페이스 패딩 700, 800 • 코오롱	검은색 금색 파란색
M6	남	순응형 (무기력형)	하	• 노스페이스 패딩 없음 • 그 외: 아식스	
F5	여	순응형 (무기력형)	하	• 노스페이스 패딩 없음	
M7	남	순응형 (무기력형)	하	• 노스페이스 패딩 없음 • 그 외: 브랜드 없는 제품	

- 심층면접 방식

독립된 공간에서 개별 면접으로 진행하였다. 상담실에서 한 명당 평균 50분씩 면접을 진행하였고, 대화내용은 녹음하였다. 모든 녹취내용은 컴퓨터를 이용하여 전사기록으로 남겼다. 연구 참여자들 중에는 면담내용이 녹음되는 것에 부담을 느끼는 경우가 있었기 때문에 녹음된 정보가 연구의 목적 이외에는 사용되지 않을 것이라는 점과 익명이 보장된다는 점을 확인시켜 주었다. 이러한 과정을 거쳐 본 연구에서 수집한 심층면담의 전사 자료는 면접대상자 1인당 평균 5~6쪽 내외였다.

인터뷰 내용을 분석하고 의문점이 생긴 경우에는 추가면접을 진행하였다. 추가면접은 처음 면접보다 간단하게 진행하였다. 그래서 학생 1인당 평균 3회씩 인터뷰를 하였다. 학교 내에서 언제나 만날 수 있는 사이였기에 쉽게 접촉할 수 있었고, 수업을 통해 만나거나 담임을 했던 학생들이었기에 래포 형성에 큰 어려움이 없었다. 학생들 중 순응형의 학생 중 특별히 내성적인 학생의 경우에는 친한 친구와 묶어서 집단면접을 먼저 시행하였다. 친구와 함께 있어 훨씬 더 안정적이고 자연스럽게 자기의 이야기를 꺼내 놓았다. 특히 본인이 말하기 힘든 부분에 대해 친구들이 대신 증언해 주어 현상을 보다 더 잘 파악할 수 있었다. 이후 성적이나 가정형편 등 민감한 부분에 대해서는 추가로 개별면담을 실시하였다.

- 심층면접의 내용
  - 기본적 특성: 성별, 학년, 평균 성적수준, 거주지역, 소득수준 등
  - 또래집단 분류: 자신이 소속된 또래집단에 대한 주관적인 평가, 또래집단의 분류근거, 자신이 소속되지 않은 또래집단 평가
  - 노스페이스 제품과 관련된 질문: 보유하고 있는 제품명, 가격, 색깔, 구매 시기
  - 노스페이스를 구매하게 된 이유, 구매하지 않은 이유에 대한 질문
  - 학교 내에 나타난 노스페이스 현상에 대한 질문
  - 노스페이스가 가지는 의미

③ 질문지법

면접 도중 학생들의 답변이 엇갈리는 부분이 있었다. 같은 반 학생임에도 불구하고 어떤 학생은 자기 반에 80%의 학생이 노스페이스 패딩이나 바람막이를 소지하고 있다고 말하고, 어떤 학생은 절반 정도, 아니면 10명 내외라고 말하는 학생들도 있었다. 또한 노스페이스의 유행의 시작시기에 대해서도 의견이 서로 일치하지 않았다. 따라서 연구대상이 된 학교의 전체 학생에게 설문지를 배부하여 응답하게 하여 전체적인 실태파악을 하였다.

- 질문지 조사대상

본 연구에서는 조사대상이 된 고등학교 학생 전체 1,112명 조사대상자에게 설문지를 배부하여 응답하게 한 후, 회수된 설문지 990부 중 빠뜨린 응답이 있거나 무성의하게 응답했다고 판단되는 설문지를 37부를 제외하고 953부를 최종 분석자료로 사용하였다. 최종 분석에 사용된 연구대상은 <표 3>과 같다.

▶표 3 조사대상

구분		학생 수	백분율
성별	남	541	57
	여	412	43
학년	1학년	313	32.8
	2학년	329	34.6
	3학년	311	32.6
또래집단 유형	순응형(A유형)	338	35.5
	중간형(B유형)	552	57.9
	저항형(C유형)	63	6.6
전체		953	100

- 연구절차

문헌연구결과를 바탕으로 노스페이스 현상의 실태에 관한 설문지를 제작하고, 질문지의 문항은 예비면접 결과 나타난 응답을 바탕으로 구성하여 안면타당도 검증을 하였다.

제작한 설문지는 본교 학생 60명을 대상으로 1차 예비조사를 실시한 후 학생들의 설문문항에 대한 이해도를 고려하는 한편 일선 교사 및 전문가의 의견을 종합하여 수정하였다.

최종 수정·보완을 거친 설문지를 연구대상자에게 배부 후 회수하였다. 회수된 설문지 중 불성실하게 응답한 자료를 제외한 유효표본을 SPSS 통계프로그램 v.18.0을 사용하여 설문결과를 분석하였으며, 최종적인 연구결과를 도출하였다.

– 측정도구

검사를 본 연구의 목적에 맞게 수정·보완하였다. 완성된 설문지는 학생 신상 및 의복 관련 배경조사 9문항, 노스페이스 패딩의 구매현황에 관한 문항 15문항, 구매 행위가 같은 의미 22문항으로 총 46문항으로 구성되었다.

문항형식은 5지 선다형으로 하되, 16번부터 36번까지 자신의 생각을 파악하는 문항의 경우 5단계 Likert 척도로서 '매우 그렇다', '대체로 그렇다', '보통이다', '별로 그렇지 않다', '매우 그렇지 않다' 5단계 척도에 따라 각각 5, 4, 3, 2, 1점으로 배점하였다.

▶표 4 설문지 문항의 구성

영역	내용	문항 번호
학생 신상 및 배경조사	또래집단 유형, 성별, 학년, 성적, 가정형편, 용돈, 구매하고 있는 패딩, 패딩 개수	38, 39, 40, 41, 42, 43, 44, 45, 46
구매현황	노스페이스 제품(패딩, 바람막이) 구매 여부, 구매 개수, 구매색상, 구매시기, 구매이유, 구매경로	1, 2, 3, 4, 5, 6, 7, 8, 9, 10, 11, 12, 13, 14, 15
구매행위가 갖는 의미	자기표현	16, 17, 18, 19, 20
	동조의식	21, 22, 23, 29, 30, 31
	계급	24, 25, 26, 27, 28
	유행	32, 33, 34, 35, 36

질문지의 내용은 크게 또래집단의 유형에 대한 분류, 자신의 인적사항, 노스페이스 구입 유무와 구입시기, 구입색상, 가격대를 조사하

였다. 그리고 패션과 노스페이스에 대한 관심도에 대한 질문으로 구성하였다. 분석내용은 전체적인 실태파악과 함께 또래집단의 유형에 따라 구매유형과 노스페이스에 대해 부여하는 의미가 유의미한 차이가 있는지에 대해 분석하고자 하였다.

3) 연구분석 및 연구의 타당화

(1) 심층면접 분석

질적 인터뷰에는 Kvale(1998)의 질문 기술을 활용하였고 Miles와 Huberman (1984), Dey(1993)이 제안한 방법을 활용하여 텍스트 분석을 하였다.

첫 번째 단계는 자료가 가지고 있는 특징적인 주제와 의미를 도출하기 위해서 자료를 범주화하여 축소하는 과정이다. 위의 단계를 바탕으로 첫 번째로, 심층면접을 통해 수집한 인터뷰 자료들을 반복하여 읽으면서 일정한 경향성을 발견하고자 하였다. 언론에서 보도한 내용과 일치하는 부분과 상반되는 부분 등에 대해 심층적으로 파악하기 위해 부족한 부분은 추가 질문을 통해 자료 수집과 분석을 수차례 반복하여 내용을 범주화시켰다. 또래집단의 유형에 따라 노스페이스 구매시기, 구매등급, 가격대, 선호하는 색상 등에서 차이가 났다. 그리고 처음 구매하게 된 경위 또한 집단별로 다양하게 나타났고, 또래집단의 유형에 따라 노스페이스에 대해 부여하는 의미 또한 서로 다름을 알 수 있었다. 이러한 과정을 통해 추출한 대략적인 주제는 다음과 같다.

과시소비, 동조소비, 브랜드선호, 고가선호, 유행, 기능성, 광고효과, 표현 욕구, 소속감, 준거집단, 정체감, 학교폭력, 계급화, 구별짓기, 왕따

두 번째 단계는 범주화된 자료들을 비슷한 맥락끼리 묶는 작업을 하였는데, 앞에서 추출한 소주제들을 청소년 하위문화 이론, 준거집단 이론, 소비이론, 유행이론, 구별 짓기 등으로 좀 더 넓고 이론적인 주제로 통합하였다. 이후 이 주제들을 재조직하여 새로운 의미를 생성하고, 추상화하였다.

(2) 질문지 분석

본 연구에서는 SPSS v.18.0을 사용하여 설문 결과를 분석하였으며, 연구문제에 따라 사용한 분석방법은 다음과 같다.

첫째, 노스페이스 구매실태와 관련해서는 빈도수와 백분율을 산출하는 빈도분석, 평균과 표준편차를 산출하는 기술통계분석을 실시하였다.

둘째, 또래집단의 유형에 따른 차이를 분석하기 위해서 집단별 평균분석을 실시하였다.

(3) 연구의 타당화

본 연구에서는 면담결과에 대한 분석의 타당도를 높이기 위해 Lincoln & Guba(1985), Lather(1986), Van Manen(1990), 김영천(1998)이 제시한 질적 연구의 타당도 준거를 참고로 다음 네 가지 활동을 지침으로 삼았다.

첫째, 자료 수집에 있어 다각적 접근(trianglelation)을 시도하였다. 심층면담을 주된 연구방법으로 사용하되, 노스페이스 현상과 관련된 각종 신문기사 및 방송자료를 수집하고 이에 대한 분석을 병행하였다. 또한 조사집단의 특성을 정확히 파악하기 위해 질문지 조사를 병행하여 실태를 파악하고자 하였다. 둘째, 촉매 타당도를 확인하였다. 본 연구의 분석결과를 연구대상자에게 주고 본인의 해석이 타당성이 있는 것인지를 물어 반응을 살피고자 하였다. 셋째, 자료 분석을 하는 과정에서 연구자의 전제와 선입관에 대해 괄호 치기를 통해 현상에 대해 편견 없이 접근하려고 노력하였다.

4) 연구실태

연구대상학교에서 나타난 노스페이스 현상의 실태 분석 결과는 다음과 같다.

▶ **표 5** 바람막이, 패딩의 보유 여부

구분	학생 수	백분율
있다	413	43.3
없다	540	56.7
전체	953	100

노스페이스 제품의 보유 여부를 조사한 <표 5>를 보면 전체 학생 중 노스페이스를 보유한 학생이 43.3%로 구매하지 않은 학생보다 낮은 비율을 차지하였다.

▶ **표 6** 보유하고 있는 노스페이스 패딩의 개수

구분	1개	2개	3개	4개	5개 이상	합계
학생 수	177	121	52	41	20	411
백분율	43.1	29.4	12.7	10.0	4.9	100

노스페이스 패딩 제품 1개를 보유하고 있는 학생의 비율이 43.1%로 가장 높았으며, 2개를 구매한 학생이 전체의 29.4%로 뒤를 이었다.

3개 이상 보유하고 있는 학생의 비율은 27.6%를 차지했다.

▶표 7 보유하고 있는 제품의 등급

구분	550 이하	600	700	800	900 이상	합계
학생 수	48	58	170	122	12	410
백분율	11.7	14.1	41.5	29.8	2.9	100

▶표 8 보유하고 있는 제품의 가격대

구분	20만 원 미만	20만 원대	30만 원대	40만 원대	50만 원 이상	합계
학생 수	92	142	119	44	12	407
백분율	22.5	34.7	29.1	10.8	2.9	100

보유하고 있는 필파워 등급은 700이 제일 많았으며, 20만 원에서 30만 원대의 제품을 가장 많이 구매하는 것으로 나타났다.

▶표 9 최초 구매시기

구분	2008년 및 이전	2009년	2010년	2011년	2012년	합계
학생 수	49	45	99	176	40	407
백분율	12	11	24.2	43	9.8	100

구매한 학생의 43%가 노스페이스의 유행이 최고조에 이른 2011년에 구매한 것으로 나타났다.

▶표 10 구매경로

구분	학생 수	백분율
부모님께 사 달라고 해서	251	61.1
부모님께서 알아서	64	15.6

구분	학생 수	백분율
스스로 돈을 벌어서	36	8.8
친구의 것을 빼앗아(강제로 바꾸거나)	7	1.7
용돈을 모아서	53	12.9
전체	411	100

76.7%의 학생이 부모님께서 노스페이스 패딩을 사주었고, 그중에서도 학교에서 소외감을 느낄까 봐 알아서 사 주었다는 의견이 15.6%였다. 그 밖에 용돈을 모아서 구매한 학생이 12.9%, 스스로 아르바이트를 해서 구매하는 학생이 8.8%였다. 친구의 것을 강제로 빼앗았다는 답변은 7명 모두가 스스로 저항형이라고 응답한 학생이었다.

▶ 표 11 구매하지 않은 이유

구분	학생 수	백분율
가격이 비싸서 부모님께서 안 사 주셨다.	33	6.1
원래 옷에 관심이 없으므로 노스페이스에도 관심이 없다.	156	28.9
불량스럽고 노는 이미지 때문에 거부감이 든다.	55	10.2
금전적으로 부담이 되기 때문에 효도한다고 생각하고 사지 않는다.	191	35.4
다른 좋아하는 브랜드가 있다.	105	19.4
전체	540	100

노스페이스를 구매하지 않은 이유 중 가장 큰 비중을 차지한 응답은 금전적 부담 때문이었다. 그러나 고가의 가격 때문에 사지 않았다고 말한 학생들 또한 노스페이스 패딩이 없을 뿐이지 코오롱, 블랙야크 등 다른 고가의 등산복 브랜드제품을 소유하고 있거나 나이키, 아디다스 등 기타 유명 스포츠 브랜드의 제품을 상당수 소유하고 있는 경우가 많았다.

제3장

유행의 형성

1) 유행의 형성 과정: 저항형 또래집단을 중심으로

저는 노페[1]를 중학교 때부터 입기 시작했어요. 좀 괜찮은 선배가 있는데 그 선배가 입으니까 나도 한번 입어 보고 싶고 사게 된 거죠. 저도 중학교 좀 놀았고, 제가 따라 입은 선배들도 다 좀 논다 하는 애들이었어요. 괜찮은 선배요? 뭐 주먹 좀 세고, 잘 놀고, 우리 기준에서 잘 논다, 잘 논다 말하는 그런 게 있어요. 중학교 때는 좀까지고 놀려고 하는 선배 있잖아요. 그중에서도 진짜 잘 놀고 괜찮다 하는 선배. 저희 학교나 지역 내 다른 학교 애들 보면 대체로 좀 노는 애들이 노페 유행을 이끌어 갔어요. 일진이요? 일진은, 그냥 초, 중학생 때 돌아다니면서 쌈질 좀 하고 그래서 명성이 쌓이고, 그래서 좀 더 놀고. 주로 그런 애들이 먼저 입었어요. (M2)

M2 학생의 인터뷰에 의하면, 노스페이스 현상은 학교 내 저항형의 성격을 띠는 또래집단, 소위 '일진'이라 불리는 학생들을 중심으로 처음 형성되었다. 저항형 또래집단이 노스페이스 유행의 시발점이 된 이유는 무엇일까?

---

1) 노스페이스를 줄여 부르는 말.

학교 내 유행을 선도하는 또래집단의 성격에 대해 궁선영(2001)은 학교 내 날라리 집단 청소년들이 대체로 유행을 이끌어 나가며 다른 유형의 또래집단보다 독특하고 튀는 패션스타일을 형성하고 있다는 점을 밝혀냈다. 그는 이러한 현상의 원인에 대해 학교라는 공간의 특수성과 연관 지어 설명하고 있다. 인문계 고등학교는 학교 내외의 대부분 활동이 학업 증진과 대학 진학에 맞춰져 있고, 학교에서 요구하는 절대적인 가치인 학업의 경쟁으로부터 낙오되는 경우 학생들은 목표를 잃고 방황하게 된다. 그런 경우에 청소년들은 자신의 존재를 학업 외의 다른 방면에서 찾고, 다른 방법을 통해 표현하고자 하는 욕구를 가지게 되는데 그것이 독특한 패션 스타일로 나타날 수 있다는 것이다. 특히 일탈학생들은 자신의 외모 관리를 통해 사회에서 부각된 존재로서 인정받기를 바라는데, 패션은 이에 있어 가장 중요한 수단이 될 수 있다. 이남범(1985)은 일탈적 성향의 학생들이 일반학생에 비해 의복과 유행에 관심이 더 많다고 하였고, 심리적 의존도와 의복의 과시성이 높아 의복을 통하여 자신의 존재를 과시하며(허정아, 1997), 친구집단 내의 인정, 타인의 호감을 갖기 위한 수단으로 특이한 의복을 선택하는 경향이 있다고 하였다(한준상·이춘화·윤옥경, 2000).

선행연구에서 나타난 일탈 청소년은 학업 중심적인 학교 속에서 자신의 존재 의미를 찾기 위해 다른 분야에서 자신의 존재가치를 찾고 정체성을 확립하고자 하는 모습을 보였다. 또한 다른 유형의 또래집단에 비해 외모에 신경을 쓰고 관심이 많기 때문에 튀는 스타일을 시도하고 그들의 정체성을 뚜렷하게 형성해 나간다. 그리고 이는 노스페이스 유행의 형성 과정과도 맞닿아 있다.

▶표 12 또래집단의 유형별 구매시기

구분		또래집단	N	평균	표준편차	F p
영역	문항					
구매시기		A	107	3.3981	1.09680	22.526
		B	261	3.3946	1.07480	.000***
		C	40	2.1750	1.27877	

* p<.05, ** p<.01, *** p<.001
A: 순응형 또래집단, B: 중간형 또래집단, C: 저항형 또래집단

저항형 또래집단이 학교 내 노스페이스 유행을 선도한다는 것은 통계를 통해서도 나타났다. 구매시기를 묻는 질문에 대한 선택지는 보기 1번 2008년 이전부터 보기 5번 2012년까지 시간의 흐름에 따라 제시하였다. 따라서 각 집단별 평균값이 낮을수록 먼저 구매한 것을 의미한다. A(순응형), B(중간형) 집단 모두 평균 3.39 내외로 2010년에서 2011년 사이에 노스페이스 제품을 가장 많이 구매한 것으로 나타났다. 반면 C(저항형) 또래집단의 경우 평균값이 2.2170으로 평균적으로 2009년경에 구매한 것으로 나타났다. 따라서 C의 저항형 또래집단이 다른 집단에 비해 노스페이스 패딩을 먼저 구매하였다고 볼 수 있으며, 따라서 노스페이스에 대한 초기 유행을 선도하였다는 것을 확인할 수 있다.

(1) 저항형 청소년과 의복관여도

심층면접과 설문조사에 참여한 거의 대부분 학생들이 노스페이스 유행의 시작을 저항형 또래집단이라고 응답했다. 노스페이스 현상도 예외는 아니었다.

요즘은 애들 사이에서는 옷 잘 입는 것을 제일 쳐 주죠. 그 다음 주먹? 공부? 뭐 애들마다 좀 다르겠지만요. 고등학생은, 특히 저 같은 경우에는 요새는 싸움 이런 걸 잘 안 하니까요. 고등학교 1학년 때는 좀 싸우고 그랬지만 학년이 올라갈수록 명성 같은 게 쌓이니까 자연스럽게 서열이 만들어져요. 굳이 주먹으로 다툴 필요는 없고요. 사실 여자애들은 주먹이 최고겠구나 그렇게 생각하지만 요즘 분위기는 옷이죠. 얼마나 옷을 잘 입느냐, 어울리게 입느냐, 멋있게 입느냐. 물론 옷은 상표도 중요하지만 자기 몸에 잘 맞게 입는 것도 중요해요. 밖에서 만났는데 저 애 옷 잘 입더라 하면 소문이 막 나거든요. 애들이 막 띄워 주고 그러죠. 근데 주먹은 그만큼 큰 반응이 없어요. 특히 여자애들한테도 좀 잘 보이고 하려면 주먹 센 거보다는 패션이죠. 그담엔…… 음 노는 거. 쟤는 클럽도 몇 번 갔다더라. 주점 같은데 가서 누구랑 놀았다더라. 이런 거 보고 좀 대단하다고 쳐 주죠. (M1)

제품에 대한 관여는 '제품에 대한 관심이나 각성의 상태'를 나타낸다(Bloch, 1981). 관여와 유행채택행동과의 관계를 밝힌 연구들을 살펴보면, 지속적으로 관여된 소비자들은 제품이나 혹은 활동과 관련된 광고나 잡지 등에 계속적인 관심을 기울이기 때문에 정보탐색의 양이 많아져 제품/활동에 대한 지식이 풍부하며, 제품/활동에 대해 갖게 되는 다른 사람의 의견이나 구매에 영향을 미치게 되어 의견 선도자가 되는 경향이 있다(Richins & Bloch, 1986, Sherrell & Ridgway, 1986)(구은영·조필교, 2001 재인용).

저항형 또래집단은 학업보다는 학교 밖에서 그들만의 놀이문화를 즐기는 것에 더 큰 비중을 두고 있기 때문에 교내 활동 못지않게 학교 밖에서 활동하는 시간이 많다. 특히 클럽, 술집 등 성인들과 함께 즐기는 공간에 출입하는 것을 모험으로 생각하고 즐기며, 그런 공간에 더 많이 드나드는 친구들을 인정해 준다. 따라서 자연스럽게 다른 유형의 또래집단보다 패션에 대한 관심이 높아지게 된다. 비슷한 맥락으로 저항형 집단은 이성 친구를 만나 어울려 놀 기회가 더 많고, 이성교제에 대한 생각도 자유롭다. 이성 친구에게 잘 보이기 위해서는 멋있는 옷을 입어야 하고 자연히 패션에 대한 관심이 높아진다. 특히 인터넷의 발달로 다양한 패션아이템이 빠른 속도로 전파되고, 온라인 쇼핑몰에서 손쉽게 구매할 수 있게 된 오늘날 청소년들의 패션에 대한 관심이 높아지는 것은 당연한 것인지도 모른다. 요즘 아이들은 '센 주먹'만큼이나 '패션'이 중요한 시대에 살아가고 있다. 이러한 이유로 놀이문화에서 비롯된 지속적 의복관여 행위가 저항형 청소년들로 하여금 자연스럽게 유행을 채택, 선도하는 역할을 하도록 하였다.

(2) 저항적 하위문화의 실천: 노스페이스의 디자인

기성세대로부터의 해방이나 일탈이 불가능한 이들이 사회 기존질서로부터 벗어날 수 있는 방법은 지극히 상징적인 형태를 띨 수밖에 없다. 그래서 우리 사회 청소년들의 저항은 기본적으로 상징적이라는 한계를 갖게 된다(김창남, 1995). 이러한 상징성은 저항형 청소년들의 교칙과 상반된 헤어스타일, 몸에 딱 맞게 줄여 입는 교복, 그리고 여학생들의 화장행위, 문신, 각종 액세서리 착용 등으로 나타나기도 하는데, 노스페이스 패딩 역시 그러한 저항적 이미지를 강화시켜 주는 역할을 하고 있다고 보인다. 궁선영(2001)은 '날라리' 집단의 청소년들은 어떠한 '비행'으로 간주되는 행동보다도, 일상적으로 자신의 외모를 통해 상징적으로나마 규범에 반발하고, 그로써 지배적 관념을 넘어서려는 일종의 '몸으로써의 저항'을 시도하고 있다고 설명하였다. 비록 하위문화 집단에 의해 채택되는 스타일들이 대부분 상품 형태로 존재한다고 할지라도, 청소년들은 스스로 자기 나름대로의 방식으로 그 안에서 의미를 만들어 내고, 상징적으로나마 이를 기존질서에 대한 저항의 수단으로 삼는다(한소희, 2000).

유행이 막 형성되던 시기에 저항형 청소년들은 '노스페이스'라는 상품이 자신들의 정체성을 잘 표현해 주고, 학교 내에서 자신들의 존재감을 드러내 줄 수 있을 것이라고 생각하였다. 이러한 맥락에서 노스페이스는 시중의 다양한 패션 아이템 중에서 그들의 정체성과 저항성을 보여줄 수 있는 적합한 수단으로써 저항형 청소년들에 의해 선택된 아이템이라고 볼 수 있다.

> 학교 마치고 밖에 나가서 오토바이라도 타려면 교복 입고 타면 딱 걸리잖아요. 그러니까 뭘 입어야 되는데, 그럼 떡볶이 단추 달린 코트 같은 걸 입을까요? (웃음) 노페가 멋있잖아요. 폼도 나고. (M1)

학생들은 노스페이스가 일진들과 어울리는 요건을 갖추었다고 이야기한다. 지금도 많은 학생들이 노스페이스를 즐겨 입지만 노스페이스 하면 일진과 어울리는 저항적 이미지를 가지고 있기 때문에 오토바이를 탈 때 어울리고, 멋있고, 폼이 난다고 언급하였다.

> 샘, 남자들 사이에서는 서열 같은 거? 누가 정해 주지 않아도 좀 누가 세 보이고 그런 느낌이 있거든요. 저는 학교에 오자마자 누가 이 학교에서 좀 센 형들인지 딱 알겠던데요. 그때가 2년 전이잖아요. 그때는 이렇게 노페를 많이 안 입었었거든요. 형들이 멀리서 노스페이스를 입고 계단을 줄지어 내려오는데 포스가 장난이 아니더라고요. 그냥 멋있기도 하고, 약간 두려운 느낌이 들었어요. (M4)

위의 학생은 전형적인 중간형의 학생이다. 공부보다는 운동, 그리고 친구들과 놀러 다니는 것을 좋아하는 학생이다. 유행에도 다소 민감하고 패션에 관심이 많다. 학생은 신입생 면접을 위해 처음 학교를 방문했던 날 선배들을 보고 두려움을 느꼈다고 말한다. 무리 지어 계단을 내려오는 선배들의 모습에 위압감이 들었고, 그 이유 중의 하나로 선배들이 단체로 입고 있던 노스페이스 패딩을 꼽으며 커다란 패딩이 그렇게 불량스러워 보였다고 언급하였다.

그렇다면 학교 내에서 저항형의 또래집단, 즉 일진으로 분류되는 학생들은 어떻게 생각할까.

> 노페가 확실히 폭이 크고 빵빵해요. 히말라야가 제일 심하죠. 부피가 크고 펑퍼짐해요. 저는 워낙 키가 크고 어깨도 넓고 해서 애들이 그거 입으면 더 커 보인다고, 무섭다고 그래요. 뭐…… 전 그게 좀 부담스럽기도 해서 잘 안 입는 부분도 있는데 덩치가 작은 애들한테는 힘이 될 수도 있다고 생각해요. (M1)

M1 학생은 전형적인 저항형의 학생이다. 학업에는 관심이 없고, 성적도 좋지 않다. 학생은 자신이 살아 있는 시간은 방과 후부터라고 말한다. 친구들과 밤새 술을 마시고 놀다가 오토바이를 타기도 하고, 고등학생이 된 이후에는 자동차를 운전하기도 한다고 말한다.

이 학생은 노스페이스를 4개 보유하고 있다. 노스페이스를 즐겨 입는 이유는 자신에게 잘 어울린다는 이유이다. 활동적인 자신의 이미지에는 모직코트 같은 단정한 옷은 어울리지 않기 때문에 선택한 것이 노스페이스라는 것이다. 또한 위의 학생처럼 노스페이스는 부피가 크기 때문에 덩치가 커 보이고 힘이 있어 보인다고 언급하였다. 자신은 키가 크기 때문에 그럴 필요가 없지만 마르거나 키가 작은 친구들에게는 충분히 힘이 될 수 있고, 자신도 때로는 세 보이는 느낌에 기분이 좋아진다고 말했다.

> 제 생각인데 등산복 중에서도 노페는 팔과 어깨가 빵빵해요. 남자애들은 근육이 있어 보이고 덩치가 좋아 보이죠. 특히 남자애들은 등빨이 중요하잖아요, 과시용. 동물들이 덩치를 부풀려 과시하는 것처럼요. 덩치가 커 보이면 자신감도 생기고요. (F3)

여학생들이 바라본 노스페이스의 디자인도 남학생들과 마찬가지였다. 동물이 적과 대치한 상황에서 위기에 몰렸을 때 온몸의 털을 바짝 세워 덩치를 커 보이게 부풀려 상대를 위협하는 것처럼, 두툼한 패딩이 남학생들에게는 마른 몸과 작은 키를 보완해 주는 역할을 하고 있었다. 이렇게 덩치를 크게 보이게 함으로 인해서 상대방에게 강한 이미지를 심어 줄 수 있다.

이에 대해 한 신문기사에서는 노스페이스 패딩은 여학생보다 주로 남학생들 사이에서 선호되는데 그 이유로 아웃도어 패션으로서 노스페이스 패딩은 남학생에게는 특히 남성성을 과시하도록 해 준다며 패딩의 올록볼록함을 가상적인 알통에 비유하였다. 육체노동자와도 같은 강인한 남성─성인으로서 이상적인 자아를 구축, 그를 통한 성인 이미지 창출은 학생으로서의 자기 자신이 아닌 학교 바깥으로 탈출한 듯한 능동감을 부여한다고 해석하였다(한겨레21, 2011).

여학생들은 남학생의 경우와 조금 달랐다. 통상적으로 패션과 유행에 더 민감한 것은 여학생이라고 생각되지만 노스페이스 유행은 오히려 남학생이 선도했다고 볼 수 있다. 여학생의 경우는 남학생들보다 노스페이스에 대한 추종도가 덜했다. 여학생 역시 저항형 청소년들이 중심이 되어 유행이 형성되었으나 이는 남학생들의 영향을 받은 것이었다.

> 같이 어울려 노는 남자애들이 많이 입어서 관심이 갔어요. 되게 비싸다고 하더라고요. 그래서 좀 비싸고 좋은 건가 보다 했죠. 그러고 보니까 티비에도 많이 나오더라고요. 일박이일이나 런닝맨 이런 데에도 단체로 입고 나오고. (F1)

> 근데 여자애들은 색감이 예뻐서 좋아해요. 다른 등산복 브랜드보다는 좀 디자인이 세련되어 보이기도 하고요. 근데 노페는 신체 결점을 부각시키기도 하고 오히려 가려 주기도 해요. 옷이 워낙 빵빵하니까 얼굴은 작아 보이고 다리는 날씬해 보일 수도 있고요, 얼굴이 크거나 이런 애들은 오히려 더 뚱뚱해 보이죠. 그래서 남자들만큼 노페가 예쁘거나 그렇다는 생각은 안 해요. (F2)

여학생들은 남학생에 비해 노스페이스 유행을 늦게 탄다. 원래 여학생들이 남학생들에 비해 유행에 민감하고 패션에 대한 동조성이 강한 편이라는 것을 선행연구를 통해 확인하였지만 노스페이스에 관해서는 예외다. 패딩의 특성상 라인이 예쁘게 살지 않아 몸매가 드러나지 않고 통통해 보이기까지 한다. 그래서 남학생들처럼 노스페이스를 많이 입거나 유행이 광범위하지 않다. 그렇지만 가격이 워낙 고가라고 하니 집이 잘 살아 보이고, 함께 어울려 노는 남학생들이 많이 입다 보니 따라 입게 된 것으로 보인다. 그래서 노스페이스 패딩의 가격, 등급의 경쟁이 남학생보다 덜한 것으로 나타났다.

(3) 저항형 놀이문화: 노스페이스의 기능성

> 처음에 오토바이 좀 타고 논다 하는 애들이 입었어요. 처음에는 까만색 노페 있잖아요. 그거랑 똑같은 크긴데 아디다스가 있었거든요. 근데 좀 무거웠어요. 그때 부산에서 전학 오고 좀 잘 놀던 애가 있었는데요. 그 친구가 입고 있던 게 노페였어요. 한번 입어 봐라고 해서 그 친구 노페를 입어 보니까 진짜 가볍고 좋더라고요. 사실 오토바이 이런 거 탈 때는 속도감 때문에 진짜 추운데요 엄청 따뜻하고요. 그래서 사게 되었어요. 입소문이 나면서 애들도 줄줄이 사고요. 아디다스보다는 노스가 비싸죠. 많이 비싸죠. 그래도 내가 좋아하는 선배들, 친구들이 입으니까 자연스럽게 따라 사게 되었어요. 뭐 광고모델이 누구고, TV에 많이 나오고 이런 게 아니고요. 입으면 비싼 것도 애들이 알아 주니까 좀 기분도 좋고요. (M2)

겨울에 오토바이를 타다 보면 매우 춥다. 특히 저항형의 학생들은 밤늦은 시간 오토바이를 타고 속도를 높여서 도로를 질주하는 것을 즐기기 때문에 따뜻한 패딩의 필요성을 느낀다. 학생들은 이미 나이키, 아디다스 등 스포츠 브랜드에서 출시한 패딩을 가지고 있지만 아무리 좋은 브랜드라도 패딩은 절대로 노스페이스를 따라올 수 없다고 생각하고 있었다. 사실 등산복이 일반 패딩보다는 방수, 통풍, 바람 차단이 잘 되는 점이 있어 기능성이 우수한 부분이 있을지도 모른다. 그래서 처음 노스페이스 패딩을 입고 온 친구들을 통해 일반 패딩과의 차이점을 느끼고 구매하게 되었다는 의견이 저항형의 청소년의 인터뷰에서 공통적으로 나타났다. 노스페이스의 유행의 시작은 의외로 아이들의 '필요에 의한 것'이었다.

> 샘, 노스페이스 패딩 입어 본 적 있으세요? 진짜 따뜻하거든요. 특히 윈드스톱퍼. 그거는 패딩 딱 입고 지퍼 다 잠그고 모자까지 쓰

고 단추 채우면 바람소리도 안 들려요. 정말 가볍고 따뜻해요. 물론 제가 첨에 살 땐 윈드스톱퍼는 없었지만요, 밤에 밖에서 놀 때나 오토바이 탈 때나 뭐 그럴 때는 확실히 노스페이스가 좋죠. 처음에 난 그래서 샀어요. 왜 하필 노스페이스냐고요? 샘, 다른 브랜드보다 노스페이스가 확실히 기능이 좋고 따뜻해요. 비싼 값을 하는 거죠. (M1)

청소년들의 노스페이스에 대한 믿음은 강력했다. 다른 브랜드보다 노스페이스가 훨씬 우수하다는 강한 믿음을 가지고 있었고, 기능성 때문에 노스페이스를 구매한다고 대답한 청소년이 많았다. 우수한 기능을 가진 제품이기 때문에 고가이지만 자신은 합리적인 소비를 하고 있다고 이야기했다. 기능성을 이유로 노스페이스 제품을 구매한다는 응답은 저항형 또래집단에만 국한된 것이 아니었다. 노스페이스를 구매한 동기에 대한 물음에서 가장 많은 수의 학생이 기능성을 이유로 노스페이스 제품을 구매한 것을 확인할 수 있었다.

▶ 표 13 노스페이스 패딩 구매동기

구분	학생 수	백분율
가격이 고가이므로 고급스러운 느낌이 있다.	50	12.2
다른 브랜드에 비해 가볍고 따뜻하며 기능성이 우수하다.	133	32.4
디자인이 세련되었고 다른 회사의 제품보다 색감이 좋다.	80	19.5
브랜드 마크가 예쁘고 가슴과 등에 새겨져 있어 눈에 잘 띈다.	35	8.5
연예인 광고효과로 인해 인지도가 높고 믿음이 간다.	60	14.6
별다른 이유는 없고 친구들이 많이 입으니까 구매하였다.	53	12.9
전체	411	100

그러나 각종 언론매체와 기성세대들은 기능성을 고려하더라도 경제활동을 하지 않는 청소년에게는 지나치게 고가임을 지적하며 기능

성을 앞세운 과시소비 현상이라고 비판하였다. Wiswede(1972)는 이러한 현상에 대해 값비싼 재화를 구입할 때 가격수준과 상품품질을 동일하게 간주하여 자신들도 같은 사회적 수준으로 인정받기를 바라는 과시소비의 한 형태로 설명하였다(김지영, 1998에서 재인용).

2) 유행 형성의 기제: 소비이론적 접근

노스페이스 유행이 시작되기 전에도 이미 아이들 사이에서는 교복 위에 바람막이를 덮어 입는 유행이 형성되어 있었다. 당시 학생들이 많이 입던 브랜드는 대부분의 학생들이 선호하는 스포츠 브랜드 '나이키'였다. 색깔은 검은색과 짙은 청색이 대부분이었으며 가슴에 축구팀의 심벌이 새겨진 것이었다. 나이키는 한국에서 학생들 사이에서 오랫동안 '부'를 상징하는 최고의 브랜드였다. 유명 스포츠 스타의 광고와 세련된 디자인, 나이키 브랜드가 주는 자신감, 그리고 이를 뒷받침하는 비싼 가격. 청소년들의 나이키에 대한 동경은 끊임없이 이어져 왔다. 그런데 언제부터인가 교실에 등산복이 등장하기 시작했다. 학생들이 가슴과 등에 하얀색 노스페이스의 마크가 새겨진 검은색 노스페이스 바람막이, 패딩점퍼를 하나둘 입고 오기 시작한 것이다. 그전까지 노스페이스 주로 중장년층이 입는 기능성 등산복 브랜드로 인식되어 왔다. 그런 등산복을 아이들이 학교에 입고 오기 시작한 것이다.

> 생각해 보면요, 제가 중학교 때부터 노페가 유행하기 시작한 것 같거든요. 아, 그전이었나? 암튼 잘 모르겠는데 몇 년 되긴 했어요. 그때는 패딩 이런, 비싼 것은 유행하지도 못했죠. 그때는 바람막이었어요. 아시죠. 까만색 그냥 바람막이. 근데 바람막이도 좀 비싸긴

했어요. 그래도 애들이 하나둘 사서 입었죠. 주로 집이 잘사는 애들이면서 잘 노는 애들을 중심으로 유행이 시작됐어요. 원래 바람막이 유행의 시작은 나이키랑 아디다스 바람막이거든요. '맨유' 이런 거 새겨진. 운동선수들 많이 입는 거요. 그게 유행을 탔는데, 그건 한 7~9만 원 정도 해요. 그것도 까만색이 유행을 했죠. 무난하니까. 그러다가 노스페이스로 넘어갔어요. 그걸 입으니까 비싸서 튀고, 부러움을 사고, 애들은 그게 얼마짜린지 다 아니까요. 부러움의 대상이 되려고 또 사 입고 그랬어요. (F1)

F3 학생의 인터뷰를 보면 노스페이스 유행의 시작을 짐작할 수 있다. 최초의 바람막이 점퍼 유행의 시작은 브랜드 인지도가 높은 나이키나 아디다스였다. 그러나 너도나도 검은색 일색의 나이키, 아디다스 바람막이 점퍼를 입기 시작하자 남들과 차별화를 시도하려는 욕구가 표출되기 시작한다. 사실 나이키나 아디다스 정도면 스포츠 브랜드 중에서는 꽤나 고가에 속하는 브랜드여서 그 이상의 바람막이를 찾아내는 것은 쉽지 않다. 이때 등장한 것이 기능성 소재의 등산복, 노스페이스였다.

음…… 중학교 때는 이렇게 생각을 했죠. 나이키가 제일 비싼 것인 줄 알았는데 노스페이스 이런 브랜드는 더 비싸구나. 나이키보다 더 센 거구나. 이렇게요. 그래서 노스페이스 이런 거 입는 애들은 이게 얼마짜리다 이런 식으로 자랑을 했죠. 등산복이니까 기능이 어떻게 좋다 이런 거보다는. 사실 바람막이는 거기서 거기 아닌가요? 추워서 입는다기보다 야자, 학원 마치고 집에 들어갈 때 약간 쌀쌀하니까 위에 덮어 입는 것. 근데 이왕 사는 거니까 좋은 걸 사자. 이런 마음? 교복 위에 입는 거니까 애들 눈에 딱 띄니깐요. 그래서 노스페이스를 입기 시작한 것 같아요. (M2)

Mason(1981)은 현대적 의미에서 과시소비의 개념을 체계화시켰는데 그는 과시소비에 대해 고가의 상품을 구매할 수 있는 능력을 다른 사람에게 과시하려는 욕망에 자극받아 행해지는 것으로 보았다. 맨 처음 노스페이스가 학생들의 마음을 사로잡은 이유는 노스페이스 패딩의 '고가(高價)'전략이 어느 정도 작용한 것으로 보인다. 당시 아디다스와 나이키에서 유행하던 바람막이 점퍼의 가격은 7~10만 원대였다. 반면 노스페이스 제품의 가격은 10만 원이 넘었고, 여기에 하이벤트, 고어택스처럼 기능성 소재의 제품은 30만 원을 훌쩍 넘기기도 하였다. 비싼 가격이 알려지기 시작하면서 아이들은 노스페이스를 인정하기 시작했다. 나이키보다 비싸고 더 '있어' 보이는 것, 남들이 덜 입어서 더 특별해 보이는 것, 여기서 유행이 시작되었다.

그리고 뒤이어 패딩이 유행했다. 한겨울을 얇은 교복 셔츠와 재킷만으로 버티기에 학교는 너무 춥기 때문이다. 학생들은 동일한 기능을 포함하고 있는 타 브랜드의 패딩을 무시하고 노스페이스를 선택하였다. 학생들은 패딩이 따뜻해서 입는다고 말하지만 사실상 노스페이스의 제품을 입음으로써 패딩의 사용가치에 대한 만족이 아니라 과시된 부에 대한 다른 사람들의 반응에 의해 만족을 얻게 된다.

Wiswede(1972)가 정의한 과시소비의 특징처럼 노스페이스는 타인으로부터 능력을 인정받기 위해 다른 사람들이 아직 모르거나 또는 구입하기를 망설이고 있는 '신상품'을 구입하려는 욕구 때문에 유행이 형성된 것인지도 모른다. 유명상표를 구입함으로써 일반제품을 구입하는 경우에 비해서 타인으로부터 더 높은 사회적 지위를 인정받고자 하는 청소년의 과시소비심리(유두련, 1991에서 재인용)와 비슷한 맥락이다.

성적이 한 8, 9등급이거든요. 당연히 열심히 안 하니까 그런 것도 있고, 사실 지금부터 열심히 해서 뭐 좋은 대학 못 가죠. 근데 학교에서 중요한 건 공부고요. 암튼 전 공부에 흥미가 없고 못 하니까 재미가 없죠. 근데 옷까지 못 입으면 완전 그건 못 봐주죠. 애들이 무시할걸요? 그래서 전 항상 브랜드를 따져요. 옷 못 입는다는 소리 안 들어 봤고요. 오히려 애들이 부러워하죠. 전 당당하게 알바 해서 사요. 부모님한테 손 안 벌리고. 노스페이스나 브랜드 옷을 입는다고 해서 교칙을 어기는 것도 아니고. 뭐가 문제죠? (M1)

인터뷰의 내용처럼 M1 학생은 학업에서 오는 결핍을 옷을 잘 입는 것으로 보완하려는 모습을 보였다. 학업 면에서 내세울 수 없기 때문에 브랜드 있는 제품의 옷을 입음으로써 자신을 표현하려는 튀는 행위를 통해 존재감을 각인시키려는 모습을 보였다.

즉 청소년의 과시소비 저변에는 또래친구들에게 무시당하기 싫다는 마음, 과시를 통해 자신의 존재감을 부각시키려는 욕구가 바탕에 깔려 있다고 보인다. 그래서 저항형 청소년들은 같은 노스페이스 제품이라도 남들과 다른 특별한 색깔과 무늬의 옷을 선호하고, 유행이 보편화된 이후에는 남들보다 더 높은 가격의 패딩을 입음으로써 자신의 우월함을 드러내려고 하는 모습을 보였다.

그런데 학생들은 많은 등산복 중에 왜 노스페이스 브랜드를 입게 되었을까?

한 네티즌은 노스페이스 열풍이 연예인 모방에서 시작되었다고 주장하였다. 2000년대 초반 패션의 아이콘이던 남자연예인 K 씨가 당시 일본에서 유행하던 노스페이스 바람막이 점퍼를 매치한 패션을 방송 프로그램에서 선보이면서 이후 대학생, 고등학생의 유행을 이끌게 되었고, 그것이 10년째 이어지고 있다는 견해를 내놓았다. 당시 K 연예인은 일본풍의 패션스타일로 그의 패션을 추종하는 팬들이 상당수 있었다. 이처럼 노스페이스 유행의 시작은 학생들이 중심이 되어 형성된 것이 아니라 대중문화의 영향을 받아 학생들에게로 확산된 것으로 보인다. 또한 노스페이스 유행의 초기 확산에는 브랜드의 광고전략이 주효했다고 보인다.

> 옷은 예쁘게 입는 게 중요하지만 근데 패딩은 브랜드가 중요해요. 아무리 디자인이 예뻐도 브랜드가 없으면 그건 찌질하죠. 사실 비싼 패딩이 기능성도 좋고 예쁘기도 하고요. 애들도 그건 다 알죠. 그래서 잘 노는 애들이 노페 같은 브랜드에 집착하는 거고요. 저도 중딩 때는 그랬고요. 지금요? 지금도 좀 그렇고요. (M1)

Baudrillard는 상품을 사용하면서 소비되는 본래적 가치 외에 상품에 별도로 부여된 과시적 특성 등 고유한 가치가 소비되고 있다고 말했다. 사람들은 상품을 구매할 때 필요에 의해서 구매하기보다는 상품의 이미지를 소비하게 되고 이를 통해 상품의 차이가 만들어 내는 서열의 질서가 만들어진다고 하였다. 기업들은 브랜드를 기호(sign)로 변화시키고, 그것을 광고를 통해 사람들에게 전파한다. 그렇기에 각종 의류 광고에 청소년들이 열광할 만한 스타를 출연시키고 각종 연예인 마케팅을 펼치는 것이다. 등산복 브랜드 중 이미지를 활용한 광고전략을 비교적 먼저 활용한 예가 바로 노스페이스이다.

> 원래 등산복은 아줌마, 아저씨 이미진데, 노페는 색감도 좋고 디자인도 좀 영(young)하게 빠져 가지고 애들이 입기 시작한 거죠. 노스페이스가 확실히 다른 브랜드보다는 좀 젊은 느낌이에요. 요즘에는 네파도 2PM이 광고하고 해서 젊은 느낌을 강조하려고 하는 것 같던데요, 그래도 노스페이스가 먼저 유명해졌고 네파나 이런 브랜드는 따라 하는 거 같은데요. (F2)

> '이거 빅뱅이 입었어' 이런 거. 광고효과가 있죠. 스포티해 보이고. 활달해 보이는 이미지. 연예인이 방송에서도 많이 입고 나오니까 입으면 연예인급은 아니라도 좀 기분 좋은? 이연희가 입고 나오니

까 바람막이나 패딩이 여성스러워 보였어요. 세련되어 보이고. 여
학생들이 사 입기 시작했어요. 입고 등산 간 적은 없지만요. (F1)

학생들이 지적한 것처럼 이제껏 등산복은 등산을 즐기는 중장년층
의 전유물처럼 여겨졌다. 그래서 마케팅 전략도 등산복의 '기능성'을
강조하는 것이었다. 그런데 노스페이스가 청소년층을 공략하기 위해
젊은 느낌을 강조하기 시작했다. 신문기사에서는 노스페이스가 국내 등
산복 브랜드 중 부동의 1위를 달리는 비결을 광고전략으로 꼽고 있다.

노스페이스가 국내 부동의 1위를 달리는 비결은 뭘까.
노스페이스는 2009년 광고 모델로 탤런트 공효진을 기용했다. 업계
에서 연예인을 광고 모델로 기용한 것은 처음이었다. 공효진은 솔
직하고 당당한 매력으로 영화계에서 자신만의 영역을 넓혀 가고
있는 주목받는 배우다. 2010년에는 영화배우 하정우와 함께 광고
및 이벤트 등 프로모션을 진행했다. 공효진을 통해 여성 아웃도어
시장의 포문을 열었다면 하정우는 남성 캐주얼 라인의 다양한 모
습을 보여줬다는 평이다. 2011년에는 영화배우 이연희와 아이돌 스
타 빅뱅을 내세워 젊은 층을 공략하고 있다(한국경제, 2011.12.7).

노스페이스는 다른 브랜드보다 앞서 대중과 친숙하며 긍정적 이미
지를 가진 연예인을 기용하여 전략적으로 광고하였다. 이때 제품의
기능성보다는 제품을 착용하고 나온 연예인의 이미지를 강조하였고
미디어와 광고에 민감한 청소년들이 노스페이스라는 브랜드를 먼저
인지하게 된다. 그래서 노스페이스는 등산복 시장에서 경쟁의 우위를
점할 수 있게 되었다. 청소년들은 기능성이 좋은 노스페이스 패딩점
퍼를 입고 싶어 하지만 어쩌면 노스페이스의 이미지를 입고 싶어 하
는 것인지도 모른다.

제4장

유행의 확산

유행은 집단 내 유행을 선도하는 특별한 사람이 패션이나 태도 등에서 다른 사람들과는 차별화되는 양식을 만들어 내면서 형성된다. 새로운 유행이 형성되면 그 집단 내에서 다른 사람들은 영향력을 가진 사람이 형성한 유행을 가능한 한 빨리 모방하고자 노력한다. 이러한 모방화의 심리에 대해 Simmel은 "집단 내에서 혼자가 아니라는 안도감을 갖게 해 주어 개인을 선택의 고통과 선택에 대한 개인적 책임감에서 해방시켜 주면서 집단 내부에서 개인의 존립을 가능하게 해 주는 현상"이라고 설명한다(Simmel, 1985). 차별화의 욕구로 다른 학생들이 입지 않는 등산복 패딩, 노스페이스의 유행이 시작되었다면 형성된 유행을 쫓는 모방의 욕구로 인해 유행은 학교 내에서 급속하게 확산된다.

노스페이스 상품 유행의 시작은 바람막이 점퍼였지만, 바람막이 점퍼의 확산 이후 더 고가인 패딩의 유행으로 자연스럽게 전파된다. 유행이 전파되는 과정에서 노스페이스 유행에 대해 민감하게 받아들여 유행에 쉽게 편승하는 또래집단이 있는 반면, 주위 친구들의 영향을 적게 받아 유행에 늦게 편승하거나, 유행을 의도적으로 거부하고 유행에 편승하지 않는 또래집단도 있었다. 이는 유행현상을 받아들이는 개인적·집단적·심리적 기제가 다르기 때문인 것으로 보인다.

유행의 확산은 어떤 계층이 중심이 되고, 어디로 확산되는지, 그 과정에서 아이들은 노스페이스에 어떠한 의미를 부여하고 있는지 분석하였다.

1) 저항형 또래집단의 내부에서: 집단 정체감의 형성

노스페이스 유행은 학교 내 저항형 또래집단의 청소년들이 중심이 되어 형성된 것으로 보인다. 그렇지만 저항형 또래집단 내부에서도 유행의 형성, 전파의 속도가 다르다. 또래집단 내부에서 다른 친구들에 비해 집단 내 의사결정권이 강하고 집단을 리드하는 성향을 가진 학생들일수록 유행을 주도하는 경향이 있고, 같은 또래집단에 소속되어 있지만 의사결정권이 약하고 추종하는 성향을 가지는 학생들은 앞선 집단이 형성한 유행을 적극적으로 실천하고 있었다.

> 노페든 뭐든 유행을 선도하는 집단이든 추종하는 집단이든 저는 다 그냥 노는 애들, 아니면 놀고 싶어 하는 애들인 것 같아요. 그래도 그 안에서 리더 같은 게 있긴 한데요, 중학생으로 따지면 노는 무리 중에서도 특히 일진 같은 애들이 선도하죠. 그중에서도 심하게 잘 노는 애들. 특히 형들이랑 연결되어 있는 애들 있죠. 형들이랑 연결된 애들이 아무래도 위 선배들의 유행을 먼저 접하니까 그런 애들이 유행을 선도하죠. 노페도 걔들이 먼저 입었고요. 집도 좀 잘살아야 되어요. 그래야 비싼 브랜드 옷을 쉽게 사서 입을 수 있으니까요. 집에 돈도 없는데 거기 끼여서 노는 애들은 돈 좀 있는 애들이 사 입으면 그거 보고 엄마, 아빠 조르거나 알바해서 사서 입으려고 기를 써요. (M2)

인터뷰에 의하면 저항형 또래집단 내에서도 두 부류가 존재하고, 그들 간에 유행의 형성과 전파의 양상이 다르게 나타난다. 학생의 인터뷰 내용을 바탕으로 비행성향의 정도와 가정의 경제적 배경 두 가지 분류기준에 따라 나누었다.

　　첫 번째 유형의 분류는 저항형 또래집단에 소속된 청소년들의 저항성향을 정도의 차이에 따라 분류한 것이다. 소위 일진이라 불리며 비슷한 유형의 선배들과도 강한 유대관계를 가지는 그룹, 그리고 이들과 함께 어울려 놀지만 이들을 뒷받침하는 성격이 강한 그룹이다. 쉽게 말해 저항형이라는 범주에 함께 분류되지만 좀 더 저항적 성향, 비행적인 성향, 놀이에 있어서 주도권을 가진 성향을 가진 집단과 그들을 따르는 덜 저항적이며 비행적인 성향을 가지는 집단으로 나눌 수 있다. 노스페이스의 유행에 있어서 비행집단의 형들과 유착관계를 가지고 있어 선배들의 유행을 더 빨리 접하는 첫 번째 유형의 청소년들이 먼저 노스페이스 유행을 형성하고 이들과 함께하는 두 번째 추종형 성향의 집단의 청소년들이 이들을 따라 유행을 형성하고 확산시켰다고 볼 수 있다.

　　두 번째 유형의 분류는 가정의 경제적 수준이다. 저항형 또래집단에 속하는 청소년들 중 경제적 형편이 여유로운 학생들은 그렇지 못한 학생들보다 쉽게, 또한 먼저 노스페이스의 바람막이, 패딩을 구매할 수 있었다.

　　　솔직히 우리 집이 좀 잘사는 편은 아니거든요. 그래서 같이 노는 애들 중에서도 제가 좀 늦게 산 편이에요. 그래도 이렇게 유행하기 전에 남들보다 빨리 입긴 했어요. 중딩 때 샀으니까요. 뭐 노페가 기능성이 좋으니까 다른 패딩에 비해 훨씬 가볍고 따뜻하기도 하고 예뻐서 산 것도 있지만요. 솔직히 말하면 나만 다른 패딩을 입고 있으니 뭔가 뒤처지는 것 같은 느낌이 들었어요. 소외감 같은 거? 친구들이 뭐 안 입었다고 따를 시키고 그런 건 없었는데요. 우리 무리 애들은 다 입었거든요. 그래서 엄마를 졸랐죠. 안 입으면 친구들한테 왕따 된다고요. 나랑 노는 친구들 중에서 나만 안 입는다니까 사 주셨어요. 솔직히 그거 안 입는다고 왕따는 안 되는데, 그리고 우리 반에 대부분의 애들이 안 입었는데 거짓말을 한 거거든요. 죄송하죠. 근데 진짜 나랑 같이 노는 무리 애들은 대부분 노페를 입었거든요. 그건 거짓말 아니고요. 그걸 안 입으니 나만 소외되는 것 같아서 꼭 사야겠다고 생각했죠. 어차피 끼여 놀고 그러면 아무 상관없는데 사실 보이는 것도 중요하잖아요. 우리 무리 애들 말고 다른 애들이 보기에도 그렇고. 안 친한데 노는 척하면서 그 무리에 억지로 끼여 있는 거라고 다른 애들이 생각할까 봐. 폼도 좀 안 나고요. 그때는 중학생 때고 어렸으니까요. 이제는 알바해서 사요. 집에 손 안 벌리고 내가 직접 돈 벌어서. 이제 고3이라서 철든 것 같아요. (M1)

인터뷰 내용처럼 앞서 언급했듯, 스포츠 용품 브랜드를 제치고 노스페이스가 유행하게 된 이유는 고가의 가격이 큰 역할을 했다. 나이키와 아디다스보다도 비싼 가격의 바람막이, 그리고 그보다 훨씬 더 비싼, 20만 원대를 훌쩍 넘는 패딩은 디자인이 예쁘다고 해서, 기능성이 좋다고 해서 아무나 쉽게 구매할 수 있는 수준의 것이 아니다. 따라서 저항형 또래집단 유형 중에서도 자녀에게 비싼 패딩을 사 줄 여력이 있는, 경제적으로 여유가 있는 가정의 자녀가 먼저 구매하고, 그들과 함께 어울려 놀지만 그럴 경제적 여유가 없는 청소년들이 친구와 수준을 맞추기 위해서 무리를 해서라도 구매하는 과정에서 확산되었다고 볼 수 있다.

위의 인터뷰에서 M1 학생은 "친구들과 다른 패딩을 입고 있으니 뭔가 소외되는 것 같은 느낌이 들었다"고 말하며 "안 입으면 친구들에게 왕따당한다. 나만 안 입는다"라며 부모님께 경제적 부담을 주면서까지 졸라서 입었다고 말한다. 함께 어울려 노는 친구들이 의도적으로 왕따를 시키거나 비난하는 것도 아닌데 스스로 소외감을 느낀 것이다. 또한 친구들과 비슷한 옷을 입지 않으면 또래집단 밖의 다른 친구들이 자신을 '안 친한데 억지로 끼어서 노는' 것으로 생각할까 봐 노스페이스 패딩을 구매하였다는 것은 또래집단 내에서 동일한 브랜드의 옷을 입는 것은 집단 내 소속감과 동질감을 형성하는 데 큰 역할을 하는 것으로 보인다.

앞서 잠시 언급했듯 학교는 공부가 가장 큰 지향점이고 공부에 흥미가 없는 청소년은 스스로 학교 내에서 자신의 존재가치가 별로 없다고 생각하고 있었다. 학교 안에서 유일한 위안은 교우관계이다. 저항형 청소년은 친구와의 의리가 매우 중요하다고 언급하였고, 따라서 내 집단에 대한 결속이 중요하며 그 안에서 소속감, 귀속감을 느끼고 싶어 한다. 이와 동시에 자기 집단의 특수성을 과시하고 싶어 한다. 소속에의 욕구와 차별화에 대한 욕구는 이 시기 청소년들의 정체성 발달과도 관련이 있다.

자기 정체성은 늘 타자와의 관계 속에서 타자에 대한 차이를 인식하고 확인하고 판단하는 가운데 형성되고 규정된다. 한영민(2007)은 청소년기 정체감의 구체적인 양태를 규정하였는데 '나는 아무개이다'라는 이름으로 나타나는 자기표현의 정체감과, 하나의 집단에 공통된 동료의식으로 형성되는 집단 정체감을 언급하였다. 집단 정체감은 개인이 속하고 있는 집단에 대한 귀속감 또는 일체감을 뜻한다. 집단 정체감의 발달은 자아정체감의 발달을 촉진시켜 주기도 한다.

즉 노스페이스 제품을 입는다는 것은 디자인이 예쁘고, 기능성이 우수한 제품을 입음으로써 얻는 자기만족감과 자기표현의 욕구를 충족시킨다는 개인적 측면의 의미를 넘어선다. 또래집단 내의 친한 친구들과 노스페이스의 바람막이, 패딩을 함께 입는다는 것은 자신이 그 집단의 일원으로 소속되어 있다는 귀속감을 통해 심리적 안정감을 얻는다. 이는 중간형 집단에서도 마찬가지였다.

특히 노스페이스의 제품이 저항형 청소년의 활동적이면서도 거칠고 강한 이미지를 대표하고 있고, 저항형 청소년의 대다수가 노스페이스가 자신들에게 잘 어울리며 그래서 자신들의 이미지를 대표해 줄 수 있다고 믿는다. 그래서 자신들의 집단을 다른 유형의 또래집단과 차별화할 수 있고 이를 통해 집단 정체감을 확립해 가고 있었다.

이처럼 노스페이스를 통해 외부적으로는 집단의 정체성을 규정하고 다른 집단과 차별화하는 동시에 집단 내부적으로는 자신의 위치를 확인하고 동료들로부터 인정받는 과정을 통해 자아 정체감을 확립해 나가게 된다. 이 과정에서 친구들은 모두 입고 있는데 나만 못입고 있다는 결핍욕구는 심리적 불안감을 가져오고, 동료들과의 일체감을 얻기 위해 무리를 해서라도 같은 브랜드의 제품을 구매하기 위해 안간힘을 쓰게 된다. 여기서 욕망을 충족하기 위해 비뚤어진 행동이 나타나기도 한다.

> 찌질한 애들이 노페²⁾ 같은 거 사 입잖아요. 그런 애들은 뺏겨요.
> 근데 대놓고 빼앗는 건 아니고요. 주로 당하는 애들은 뭐 잘 모르
> 는 애들 있죠. 좀 멍청해 보이고 반항 못 하는 애들. 그런 애들한테
> 일단 며칠만 입고 준다고 그래요. 그러다가 "이 패딩 좋네. 일단 내
> 가 며칠 입고 다녔으니까 내가 너한테 살께. 원래 가격을 줄께"라

---

2) 노스페이스를 줄여서 부르는 말.

고 이야기해요. 그러니까 만약에 27만 원짜리면 "내가 27만 원 줄게, 네가 가게에 가서 새로 사 입어라. 내가 알바해서 27만 원이 있는데, 집이랑 시내랑 멀고 해서 직접 사러 가기 좀 그렇네"라고 하면서 말을 굴려요. 그리고 며칠 있다가 준다면서 돈을 안 주죠. 만약에 그 아이가 계속 물어보면 씹어요. 그러다가 엄마나 선생님한테 말하면, 당당하게 말하죠. 고작 며칠 빌려 입었는데, 오늘까지 입고 주려고 했는데 졸라 나쁜 놈 만드는 것 아닙니까! 하면서요. 그러면서 돌려주는 거죠. 근데 대부분 애들이 말을 못 해요. 그냥 내 것이 되는 거죠. 바꾸는 애들도 있긴 해요. 몇십만 원짜리 노스페딩을 가져가고 한 7만 원짜리 솜 잠바 같은 거 던져주고 "요즘 별로 안 추우니까 이거라도 입고 다녀라" 하는 거죠. 중학생은 그런 거 많을걸요. 특히 고등학생에 비해 당하는 게 많으니까요. 저도 사실 바꿔 입은 적은 있어요. 힘을 이용해서 강제로 그랬던 적도 있어요. 그 아이는 좀 싫어도 자기가 문제 만들기 싫으니까 저한테 크게 막 그러지는 않았어요. 그때는 그렇게 해서라도 입고 싶었죠. 우리무리 애들이 다 입고 있으니까 입어야 할 것 같았어요. (M2)

학생들의 비뚤어진 욕망은 학교폭력으로까지 이어진다. 집단에 소속되고 싶다는 강한 욕구가 있으나 현실은 패딩을 구매할 능력이 안되고, 그 괴리감 때문에 비뚤어진 선택을 하게 되는데, 그래서 '노스페이스가 어울리지 않는 학생'의 패딩 점퍼를 빼앗는 행위가 발생한다. 이러한 행위를 통해 집단 내 동질감을 다짐과 동시에 다른 또래집단과의 차별성을 부여하고 거기서 오는 우월감을 갖는 것으로 보인다.

2) 중간형 또래집단을 중심으로 확산: 동조의식

노스페이스 유행이 저항형 또래집단을 중심으로 형성되었다면 유행을 확산시키는 데 가장 큰 역할을 한 또래집단은 중간형이다. 놀이문화를 지향하는 저항형 청소년과 정반대로 학업지향의 순응형 청소년을 구분하고, 뚜렷한 특징이 나타나지 않고 중간적 성향을 가지는 유형의 청소년을 중간형 또래집단으로 분류하였다. 이러한 이유로 중간형 청소년들은 뚜렷하게 나타나는 특징이 없지만, 반대로 저항형과 순응형 청소년의 성향을 모두 가지고 있는 경우가 있다. 주로 저항형 청소년을 준거집단으로 설정한 학생들을 중심으로 노스페이스 유행이 점차 확산된다.

> 같이 노는 무리긴 한데요, 샘 OO 알죠? 우린 걔 디게 싫어하거든요. 어른들은 좀 놀게 생겼으면 다 끼리끼리 같이 노는 아이라고 생각하는데요. 사실 진짜 잘 노는 애들 무리가 있고, 잘 노는 척하는 애들 무리가 있어요. 그 애들은 사실 겁도 좀 많고 부모님이나 쌤들 눈치를 봐서 혼나기는 싫고 한데, 괜히 센 척하고 잘 노는 척하는 거예요. 그게 좀 웃기죠. 잘 노는 애들한테는 끼여 놀려고 막 잘해 주고 자기보다 좀 촌스럽거나 못 놀아 보인다 싶은 애들한테는 센 척하고. 그런 애들은 주로 잘 노는 애들이 하는 행동을 많이 따라 해요. 옷 입는 것도 따라 하고. 그래야 좀 끼여서 놀 수 있으니까요. (F4)

> 좀 안타까운 일인데요, 걔가 원래 중학교 때까지는 절대 놀고 이런 스타일 아니었는데요, 축제 때 댄스 공연 준비하면서 OO팸 애들이랑 친해지게 되었거든요. OO팸 애들이 여자애들 무리가 우리 학교에서 제일 센 무리거든요. 중학교 때 일진 막 이런 거. 그 애들이랑 놀면서 공부도 손 놓고 조금씩 변했어요. 담배도 걸린 적은 없는데 피러 다니고…… 암튼 우리가 걔가 변한 걸 젤 먼저 느낀 게 화장하는 거랑 옷 입는 거였거든요. 걔네 집도 엄마 혼자 계셔서 좀 힘든 거 다 아는데, 근데 노페 비싼 걸 사 가지고 왔더라고요. 새로 친해진 애들이 하나씩 다 가지고 있어서 그런지 같은 디자인에 색깔만 다른 걸 샀더라고요. 600이면 완전 비싼 급은 아닌데, 그래도 20만 원 넘거든요. 걔도 그 무리에 섞이려고 많이 노력을 하는 거겠죠? (F3)

저항형 또래집단의 학생들에서 형성된 유행이 중간형으로 확산되게 된 연결고리는 저항형에 소속되고 싶어 하는 중간형 학생들인 것으로 보인다. 이 유형의 학생들은 대부분 중간형 학생들이지만, 저항형 청소년에 대한 막연한 동경심을 가지고 있어 함께 놀고 싶고, 그들에게 인정받고 싶은 욕구가 강한 모습을 보였다. 저항형 또래집단 무리의 일원이 되고 싶어서 그들이 하는 화장을 따라 하고, 흡연을 하기도 하고, 방과 후 함께 놀이문화를 즐긴다.

많은 요소들 중에 가시적으로 드러나는 부분이 패션이다. 이미 잘 노는 저항형 학생들은 유행을 선도하고 그들만의 스타일이 있다. 노스페이스의 경우에도 저항형 학생들이 유행을 형성하였고, 이를 빨리 캐치한 학생들은 그들을 옷차림을 모방하기 시작한다. 그것이 초기 노스페이스 유행의 확산에 큰 역할을 했다고 보인다.

> 고등학생이 무슨 일진이에요, 중학생 때면 모를까. 그런 건 없고요. 근데 우리 무리가 좀 잘 노는 애들이 많기는 해요. 저는 좀 늦게 합류한 편이긴 한데요. 그래도 그런 거 안 따지고 친하게 잘 지내요. 친해진 이유요? 그런 거 없는데요 음…… 그냥 같은 반 하면서 걔 친구가 또 제 친구의 친구이기도 하고, 서로 꾸미고 이런 거 좋아하니까, 좀 웃기기도 하고요. 그래서 친해졌죠. 옷 입는 스타일은…… 예전에 비해서는 많이 바뀌었죠. 예전에는 옷 잘 못 입었었거든요. 애들이랑 놀면서 옷도 좀 잘 입게 되었어요.
> 첨에 애들이랑 친해져서 이 무리에 끼이고 싶다고 생각했던 건, 애들이 잘나가는 애들이라서 제가 애들을 좀 동경한 것 같기도 하고요. 잘 노니까요. 모범생 이런 애들 빼고는 다 인정해 주는 애들이랄까. 남자도 많이 알고. 좀 유명했죠. 학교에서 애들이랑 놀 때가 제일 좋아요. 그냥 재미있고, 같이 뭐 하는 게 즐거워요.

F2 학생은 그리 좋지 않은 성적이지만 그렇다고 반항적이거나, 수업태도가 크게 나쁘지 않은 학생이었다. 외모를 가꾸는 것에 관심이 많지만 학교교칙을 어기면서까지 눈에 띄게 튀게 꾸미지 않았고, 교

실 내에서는 크게 존재감이 없었다.

그러다가 어떤 계기로 '잘 노는' 저항형 또래집단과 교류를 하게 되었고, 그 친구들과 놀면서 그 무리에 소속되고 싶은 욕구를 느끼게 된다. 자신은 평범하고 눈에 띄지 않지만 평소에 잘 놀기로 알아주고 자기 목소리를 크게 내는 친구들을 막연히 동경하는 마음이 있었기 때문이었다. 그때부터 F2 학생은 저항형 또래집단 친구들의 패션 스타일에 비추어 자신을 비교하였고, 저렴한 브랜드의 평범한 옷을 입는 자신이 부족하게 느껴져 그들처럼 잘 꾸미고 예뻐지고 싶다는 생각을 갖게 되었다. F2 학생이 자신의 행위, 신념의 판단기준을 저항형 또래집단을 준거집단으로 설정했기 때문이다. 이처럼 중간형청소년 중에서도 저항형을 준거집단으로 설정하고 저항형 또래집단에 소속되고자 하는 마음이 강한 학생들이 중심이 되어 유행이 확산되기 시작하였다.

> 대체로 옷 잘 입는 애들은 노는 애들이고요, 걔들 따라가는 애들은 평범한 애들이죠. 공부를 포기한 건 아닌데 그렇게 잘 하는 것도 아니고, 또 일진처럼 막 나가게 못된 애들도 아니고요. 잘 노는 애들도 그렇지만 저처럼 그냥 평범한 애들도 유행하는 옷을 많이 사 입어요. 모범생도 입는 애들은 입고 안 입는 애들은 안 입고. 솔직히 저도 유행에 민감한 편이에요. (M4)

심층면접 결과, 청소년 들 중에서도 특히 유행에 대한 모방심리가 강한 집단은 중간형 또래집단이라는 의견이 많았다. 모범생, 즉 순응형은 유행에 다소 둔감하게 반응한다고 응답했고, 저항형의 경우에는 모방과 편승이라기보다 적어도 학교 내에서는 유행을 선도하는 경향이 있다고 응답하였다. 그리고 학교 내에서 수적으로 가장 높은 비율을 차지하는 중간형이 유행에 대해 민감하게 반응하고 광범위하게 편승하는 경향을 지닌다고 응답하였고, 이는 통계적으로도 유의미한 결과를 나타내었다.

▶표 14 동조의식

구분		또래집단 유형	N	평균	표준편차	F p
영역	문항					
동조의식	친한 친구들이 노스페이스를 입으면 나도 비슷한 수준의 옷을 입어야 할 것 같다.	A	338	2.0473	.97634	18.034
		B	552	2.4873	1.10592	
		C	63	2.3333	1.09250	.000***
	노스페이스는 친구들이 많이 입기 때문에 입으면 소속감과 안정감이 든다.	A	338	1.9349	.94440	15.643
		B	551	2.5873	1.06464	
		C	63	2.2577	1.29060	.000***
	친구들이 입고 있는 노스페이스가 나만 없으면 불안함을 느낀다.	A	337	1.9436	1.04928	4.614
		B	551	2.7619	1.07618	
		C	63	2.4583	1.24825	.010*

* p<.05, ** p<.01, *** p<0.001
A: 순응형 또래집단, B: 중간형 또래집단, C: 저항형 또래집단

<표 14>을 보면 세 문항 모두 B집단의 평균이 A, C집단에 비해 높은 것을 확인할 수 있다. B집단(중간형)은 A(순응형), C(저항형)집단에 비해 주변 친구들을 의식하여 노스페이스 패딩을 구매하는 경향이 크게 나타났고, 동일한 브랜드의 옷을 입음으로써 소속감과 심리적 안정감을 느끼고자 하는 욕구가 상대적으로 크다는 것을 확인할 수 있었다. 또한 다른 친구들이 입고 있는 옷이 없으면 B집단이 상대적으로 더 강한 불안감을 느꼈다. 즉 B집단, 중간형 또래집단은 순응형, 저항형 또래집단에 비해 유행에 대한 동조의식이 강한 것으로 보이

며 이러한 욕구가 충족되지 않으면 심리적 불안감이 상대적으로 커진다는 것을 확인할 수 있었다.

유행에 대한 동조의식과 모방심리는 집단 내에 소속되고자 하는 욕구와 함께 집단 내 다른 구성원들에 비해 뒤처지기 싫어하는 욕구를 반영하고 있다고 보인다. 중간형 집단이 다른 집단에 비해 동조의식과 모방심리가 더 강한 모습을 보이는 것을 설명하기 위해서는 중간형 집단이 학교 내에서 차지하는 위치를 이해해야 할 필요가 있다.

학교라는 공간 안에서 중간형 또래집단은 저항형, 순응형 또래집단에 비해 목표의식이 뚜렷하지 않다. 공부에 대한 목표가 강한 것도 아니고, 그렇다고 저항형 또래집단처럼 대놓고 일탈행동을 즐기지도 않는다. 학교 내에서 성적으로도 튀지 않고, 비행행동으로 튀지도 않는다. 시험기간에는 모범생을 부러워하고 동경하며, 놀 때는 비행성향의 친구들을 따라 하고 싶어 한다. 이러한 중간적 위치는 그들에게 학교 내 '이도 아니고 저도 아닌' 존재로 비춰지며, 그로 인해 남들에 비해 뒤처지고 무시당하지 않기 위해 나름대로의 노력을 하고 있었다. 즉 현실적으로 크게 튀지 않지만 자신의 존재를 드러내기 위한 잠재적 욕구는 항상 존재하고 있고, 이러한 욕구가 표출되는 방법 중의 하나가 패션인 것으로 보인다.

앞서 살펴본 것처럼 패션으로 자신의 존재감을 드러내고자 하는 욕구는 저항형 청소년에게도 마찬가지였다. 저항형 청소년들은 학업에서의 결핍을 일탈적 놀이문화와 남들과는 다른 패션으로 보상하려는 모습을 보였다. 그러나 저항형 청소년과 중간형 청소년 모두 패션과 스타일로 자신을 드러내고자 하는 경향이 있지만 두 집단에는 결정적 차이가 있었다.

<표 14>에서 드러나듯 대다수 중간형 청소년들은 옷차림으로 개성을 표출해야 한다고 주장하면서도 남들이 전혀 입지 않는 브랜드, 무늬, 스타일로 튀는 것은 꺼린다. 새로운 것을 시도했다가 남의 비판을 받을 위험이 크기 때문이다. 따라서 이미 검증되었고, 그래서 실패에 대한 위험요인이 적은 이미 대다수의 사람이 입는 유행하는 옷차림을 선호한다. 이는 저항형 청소년과 차이를 보이는데 다음 장의 '자기표현 욕구'에서 자세히 서술하기로 한다.

> 내가 봤을 때는 좀 예쁜 것도 남이 봤을 때는 안 예쁠 수 있잖아요. 패션이 자기만족이라 하지만 사실 남한테 보이기 위해 입는 거 아닌가요? 새로운 유행을 내가 만드는 건 좀 힘들다고 봐요. 이미 유행하고 있는 아이템을 입는 게 훨씬 낫죠. 적어도 욕먹을 확률을 낮아지니까요. (F1)

집단이나 사회의 규범에 적합한 의복 스타일을 착용하는 동조자는 수용과 인정을 받을 수 있으며, 반면에 비동조자는 집단으로부터 비난을 받거나 때로는 거부를 당하게 된다. 즉 의복은 소속의 욕구를 충족시키는 데 도움을 준다. 이 소속의 욕구는 인간의 기본적인 욕구 중의 하나이며 Maslow(1954)의 욕구수준인 생리적 욕구, 안전, 애정과 소속, 자기존중, 자아실현의 욕구 중 중간 단계에 속하는 욕구이다.

사람에게는 동조의 욕구와 개성의 욕구가 공존하며, 성격에 따라 두 가지 중 어느 한 가지를 보다 중요시한다. 개성을 추구하는 사람들은 많은 사람들이 입지 않은 새로운 스타일을 시도하고, 동조성을 추구하는 사람들은 이것에 동조함으로써 유행은 계속 변화하게 된다(이은영, 1983). 이처럼 복식 행동에 있어서의 동조성은 인간의 기본 욕구인 소속의 욕구를 만족시켜 주는 수단으로 의복의 중요한 기능들 중 하나이며 유행현상의 필수조건이다(오인희, 2001). 다른 사람에게 동조하는 이유는 타인을 정보의 원천으로 생각하여 타인이 여러 명일 경우에는 그들이 갖고 있는 정보의 총량은 자기가 단독으로 가지고 있는 정보량보다 크다고 생각하기 때문이며, 또 한 가지는 집단 속에서 자기만이 타인들과 색다른 존재로서 이단자가 되는 것을 꺼리는 심리가 작용하기 때문이라고 하였다(정양은, 1998).

중간형 또래집단은 학교 내 어중간한 자신의 위치에서 오는 불안감, 소외감을 극복하고, 학교 내 소속감을 얻기 위해 유행하는 아이템을 적극 활용하여 심리적 안정감을 획득하는 것인지도 모른다. 그리고 남들에 비해 뒤처지지 않는다는 것을 보여주고 개성을 표출하기도 한다. 그러나 저항형 청소년처럼 유행 선도자가 될 수는 없다. 중간형 또래집단은 이미 유행하는 아이템을 추종할 뿐이지, 남들이 하지 않는 아이템을 소비하는 것에는 부담을 느끼고 있기 때문이다.

3) 순응형 또래집단: 합리적 구매동기

순응형 또래집단의 학생은 저항형, 중간형의 학생들보다 노스페이스에 대한 관심도와 유행 추종 의지가 다소 낮았다. 순응형 또래집단의 학생들이 추구하는 가치가 패션과 유행보다는 학업과 대학 진학에 가깝기 때문인 것으로 보인다. 실제로 학생의 인터뷰 중에서 옷은 좋은 대학에 진학한 이후에 비싸고 브랜드 있는 제품으로 입으면 된다는 의견을 말하기도 하였다.

그럼에도 불구하고 노스페이스 패딩을 구매한 학생의 비율은 중간형 학생과 크게 차이 나지 않았다.

▶표 15 또래집단의 유형별 구매 여부

| 구분 | | 또래집단 | N | 평균 | 표준편차 | F |
영역	문항					p
실태	구매여부	A	338	1.6746	.46024	15.124
		B	552	1.5217	.49998	.000***

<표 15>에서 순응형 또래집단은 중간형 또래집단과 비슷한 비율로 노스페이스 제품을 구매한 것으로 나타났다. 그들은 구매이유에 대해 다양한 목소리를 냈다.

음, 제 목표는 좋은 대학에 가는 거예요. 그래서 솔직히 공부도 죽어라 열심히 하고 있어요. 우리 엄마가 저한테 기대를 많이 하시거든요. 그 기대를 저버리면 안 될 것 같고. 부모님이 제가 1등 했을 때 너무 기뻐해서 그 기대를 만족시켜 드리고 싶어요. 성적은…… 1학년 때부터 학교 정독실도 꾸준히 들어갔고요. 뭐 우리 학교에서는 상위권이죠……. (웃음)
근데 저는 너무 공부만 하는 아이라는 이미지가 싫어요. 솔직히. 드라마나 영화나 이런 거 보면 공부 잘하는 아이는 두꺼운 안경 쓰고, 패션도 촌스러운데다가 뭔가 고지식하고 융통성 없는 것 같은 느낌. 친구는 없고 너무 공부만 하는 아이라는 이미지가 안 생기도록 좀 신경을 써요. 그런 이미지로 찍히면 재미없잖아요. 그래서 애들이 하는 건 좀 보조를 맞춰서 하려고 생각해요. 유행도 좀 따라가고요. 뭐 그런 거.
노스페이스도 애들이 많이 입더라고요. 그래서 저도 샀어요. 저는 700 입어요. 그 정도는 입어야 너무 없어 보이지도 않으면서 적당히 수준도 맞출 수 있어요. 패딩은 노페가 아니어도 상관없는데요, 우리 반에 잘 노는 애들이 노페를 다 입고 있기에, 그래서 샀어요. 뭐 그 무리에 끼이고 싶고 그런 건 아닌데요, 좀 친해 놔야 할 것 같기도 하고. 솔직히 노페를 입는 큰 이유는 없어요. 꼭 노스페이스여야만 한다는 뭐 그런 거. 부모님께서는 제가 다 알아서 할 거라고 생각하시니까, 애들 다 입는다고 그러니까 사 주셨어요. 저를 믿으시니까요. 가정형편이 많이 힘들고 그런 편이 아니거든요. (M5)

M5 학생은 성적이 매우 우수한 모범생이다. 평소 수업태도가 좋고 학업에만 집중하는 모습만 보이지만, 겉으로 드러나는 외모적 측면, 헤어스타일이나 패션에 관심이 없는 것은 아니다. M5 학생은 공부만 할 줄 아는 모범생으로 보이는 것이 피곤하다고 이야기하며 친구들과의 관계에 신경 쓰지 않고 공부만 하다 보면 흐름에 뒤처지게 되고 그러면 좋은 평판을 얻을 수 없다고 이야기한다. 공부만 잘하는 학생이기보다는 친구들과 어울려 잘 지내고 공감대를 형성하면서 공부도 잘하는 학생으로 친구들 사이에서 평가받고 싶은 마음에 노스페이스 패딩을 구매하게 된 것이다.

전 운동복, 운동화에 대해서는 기능성을 철저하게 따지는 편이에요. 운동할 때 가장 기능이 최고로 생각하는 브랜드가 나이키죠. 나이키 축구화, 운동복을 입으면 기분이 좋아져요. 그런데 나이키는 운동복일 때 이야기고요. 패딩은 등산복이라고 생각해요. 두툼하고 가볍고 따뜻하죠. 겨울에 패딩이 필요한데, 기능성이 좋은 제품을 따지다 보니 노페를 사게 된 거예요. 안에 얇게 입어도 되잖아요. 얇은 티 하나 입고 운동하고 밖에 나갈 때 패딩하나만 걸쳐도 가볍고 따뜻하고 좋아요. (M5)

위 학생은 노스페이스를 구매하는 것은 충분히 합리적인 소비라고 이야기하고 있었다. 운동을 할 때 기능성의 제품이 필요한 것처럼 노스페이스는 입는 것이 아니라 기능이 우수한 등산복을 구매하고자 하는데, 이왕이면 친구들이 입는 것을 입겠다는 생각으로 구매하였다고 말한다. 어른들이 생각하는 것처럼 아무 생각 없이 유행을 쫓아 산 것은 아니라는 것을 수차례 강조하였다.

어차피 저는 옷을 잘 안 사거든요. 근데 어차피 패딩 하나는 사야
되고 뭘 사야 할지 모르겠는데 애들이 많이 입기에 좋은 거겠지 해
서 샀어요. 부모님도 친구들이 많이 입는 걸 입어야 마음이 놓인다
고 사주셨고요. 솔직히 어른들이 왜 그렇게 노페에 대해 욕하는지
모르겠어요. 어른들도 명품 막 좋아하고 그러잖아요. 근데 노페는
거기에 비하면 정말 안 비싸죠. 한번 사면 좋은걸 사고 싶어요. 공
부하는 데 받는 스트레스도 있고, 좋은 걸 입으면 기분도 풀리고
그러는 것 같아요. (M5)

M5 학생은 평소에 옷을 거의 구매하지 않으나 한번 살 때는 좋은
것을 사고 싶다고 말한다. 학업에 대한 스트레스를 옷으로 풀고자 하
는 일종의 보상심리가 작용한 것으로 보인다. 평소 공부에 열중하고 그
결과 좋은 성적을 내었을 때는 부모님께서도 별말 없이 좋은 옷을 사
주시는데, 그래서 갖게 된 것이 노스페이스 패딩이었다.

▶표 16 또래집단의 유형별 실태분석

구분		또래집단 유형	N	평균	표준편차	F
영역	문항					p
실태	노스페이스 제품을 몇 개 가지고 있습니까?	A	108	1.6852	.97298	22.332
		B	263	2.0304	1.16854	
		C	40	3.0750	1.20655	.000***
	보유하고 있는 패딩 제품의 등급(필파워)은 무엇입니까?	A	108	3.2250	1.53541	7.862
		B	263	2.8779	.96537	
		C	40	3.3981	1.09749	.000***
	보유하고 있는 제품의 가격대는 어떠합니까?	A	108	2.3519	1.04061	15.548
		B	261	2.2500	.96537	
		C	40	3.2250	1.09749	.000***

* p<.05, ** p<.01, *** p<.001
A: 순응형 또래집단, B: 중간형 또래집단, C: 저항형 또래집단

<표 16>에서 살펴본 것처럼, 순응형 학생(A) 중 노스페이스 패딩을 가진 학생의 비율은 저항형(C)과 중간형(B) 학생들과 큰 차이가 없었다. 노스페이스에 대한 유행은 또래집단 유형을 불문하고 전반적으로 확산되었기 때문이다. 그러나 보유하고 있는 패딩의 개수는 적은 편이었다. 저항형 또래집단이 평균 3개를 보유하고 있고, 중간형 또래집단이 평균 2개의 노스페이스 패딩을 보유한 반면, 순응형 학생들은 평균 1.6개를 보유하고 있다.

이러한 내용을 종합해 볼 때 순응형 학생들은 다른 유형의 집단에 비해 패션과 유행에 대한 관심도가 작은 편이며, 그래서 노스페이스에 대해 보이는 관심도 또한 떨어진다고 보인다. 겨울철 패딩점퍼가 필요하기 때문에 기능성이 좋은 패딩점퍼를 찾다 보니, 그리고 이왕 구매하는 김에 친구들이 많이 입는 것을 사겠다는 심리가 작용하여 구매한 학생들이 많았다.

또 다른 특징은 패딩의 개수가 많지는 않으나 하나를 사더라도 높은 등급, 비싼 제품을 사는 경향이 있었다. 아르바이트를 해서 직접 구매하지 않고 보통 부모님이 사 주시니까, 평소에는 공부를 열심히 하니까, 또 여러 개 안 사고 한 번에 기능성 좋은 것을 사니까, 하는 답변이 있었다.

제5장

유행의 분화

유행의 본질은 타인을 모방하는 사회적 충동과 타인과의 차별화를 추구하는 개별화의 충동이 뒤섞여 나타난다. 처음에 노스페이스는 학생들 사이에 익숙하지 않은 브랜드였기에 입기만 하면 눈길을 끌었으나 광범위하게 유행하면서 더 이상 노스페이스 제품은 특별한 것이 아니게 되었다. 유행이 확산되면서 사회적으로 동질화되자, 이제는 개별화의 충동이 표출되기 시작하고, 유행이 다양한 양상으로 분화되기 시작한다.

1) 분화의 양상

(1) 색상의 분화: 검은색에서 원색으로, 바람막이에서 패딩으로

노스가 처음 유행할 때 그때는 패딩 이런 건, 비싼 건 유행하지도 못했죠. 그때는 바람막이였어요. 아시죠. 까만색 그냥 바람막이. 근데 바람막이도 좀 비싸긴 했어요. 그래도 애들이 하나둘 사서 입었죠. 주로 집이 잘사는 애들이면서 잘 노는 애들을 중심으로 유행이

시작됐어요. 원래 바람막이 유행의 시작은 나이키랑 아디다스 바람
막이거든요. '맨유' 이런 거 새겨진. 운동선수들 많이 입는 거요. 그
게 유행을 탔는데, 그건 한 7~9만 원 정도 해요. 그것도 까만색이
유행을 했죠. 무난하니까.
처음에는 당연히 까만색이죠. 그게 젤 괜찮아요. 그냥 무난해요. 우
리 교복이 갈색이잖아요. 교복이랑 어울리기도 하고. 빨간색 이런
건 너무 튀니까요. 빨간색 이런 것을 처음에는 살 생각을 못 했죠.
예쁘다 하면서도 막상 살 걸 생각하면 그냥 까만색으로…… 우리
학교는 패딩 색깔로 단속하고 그런 건 아니지만 그래도 저는 까만
색이 제일 좋다고 생각해요. 무난하니까. (M4)

유행의 시작은 검은색이었다. 학생들은 가장 교복과도 조화로우면
서도 아무 옷에나 어울려 입기에 무난한 검정, 회색 계열의 어두운
색을 구매하였다. 패딩 점퍼는 남학생들이 더 즐겨 입기 때문에 여학
생들에 비해 어둡고 무난한 색을 좋아하는 남학생 특유의 취향이 반
영된 영향도 있을 것으로 보인다. 그리고 남들과 다른 면을 보여주고
싶으면서도 위험을 감수하기를 두려워하여 지나치게 튀는 것을 삼가
는 심리가 일부 작용한 것으로도 보인다.

▶표 17 최초 구매 색상

구분	검정 회색계열	어두운 원색 계열	밝은 파란색계열	밝은 초록색 계열	밝은 노란색 계열	밝은 빨간색 계열	합계
학생 수	227	75	47	13	14	35	410
백분율	55.2	18.2	11.4	3.2	3.4	8.5	100

처음에 딱 까만색, 회색을 사서 입고 다녔어요. 근데 애들이 다 입
는 거예요. 따라 하는 것처럼. 그거로는 개성 못 살리죠. 그래서 그
다음에 빨간색 샀어요. 윈드스톱퍼. 색깔이 확 튀어서 눈에 많이
띄죠. 애들이 좀 부러워하는 것 같아요. 그것도 또 애들이 따라 사
기는 했지만요. 뭐 입지 말라고 내가 강요할 수는 없죠. 또 내가 사

는 게 예쁘니까 따라 사는 거겠죠? 유행을 이끈다는 느낌이 있어
요. 친구들이 따라 하면 좀 기분 나쁘면서도 기분 좋아요. (M2)

M2 학생은 2008년경 무채색 계열의 튀지 않는 노스페이스 패딩을
구매하였다. 그때는 노스페이스 유행의 초기여서 색깔이 어두운 패딩
이라도 충분히 특별해 보였다. 그러나 유행이 확산되는 과정에서 검
은색 패딩이 보편화되자, 초기에 노스페이스 유행을 이끌었던 학생들
은 검은색 패딩으로는 더 이상 개성을 살릴 수 없다고 생각하게 된다.
그래서 어두운 계열의 원색 제품을 구매하는 학생들이 늘고 그 이후
에는 더 밝고, 강렬한 느낌의 원색을 구매하는 학생의 비율이 증가하
기 시작하였다. 학생들이 선호하는 컬러는 다양한데, 주로 많이 입는
컬러는 밝은 파란색, 빨간색, 노란색 등이다.

(2) 등급의 분화─저항형, 중간형 청소년을 중심으로 한 위세경쟁
앞에서 언급했듯, 노스페이스 현상이 형성된 저변에는 노스페이스
의 비싼 가격으로 인한 고급스러운 이미지와 그러한 이미지의 상품
을 구매하는 행위를 통해 또래친구들에게 자신의 사회적 지위를 과
시하기 위한 욕구가 혼재되어 있었다.

그런데 노스페이스 유행이 확대됨에 따라 더 이상 노스페이스를
입는 행위로는 자신의 지위를 과시할 수 없게 되었다. 유행 초기에는
비교적 가격이 저렴한 노스페이스라도 가슴과 등에 박힌 노스페이스
상표만으로도 충분히 자신의 특별함을 과시할 수 있었다. 그런데 시
간이 지나면서 유행이 확산되자 더 이상 다른 친구들과 차별화된다
는 느낌도, 다른 친구들의 부러움의 눈길도 받을 수가 없게 되었다.

그래서 초기 노스페이스 유행을 이끌던 학생들은 유행에 편승하면서도 남들과는 다른, 그래서 자신의 개성을 살릴 수 있는 방법을 찾기 시작한다. 이 과정에서 필파워(fill power) 경쟁이 시작되었다. 노스페이스는 소매 윗부분(팔목부위)에 패딩의 필파워가 수놓아져 있다.

> 요즘 나오는 제품들은 대개 소매 부위에 필파워 표시가 돼 있다. 복원력의 수치를 뜻하는 단위로, 같은 무게로도 더 높은 보온성을 발휘하는 높은 필파워 제품이 여러 면에서 좋기는 하다. 그러나 필파워가 낮은 제품이 높은 제품에 비해 반드시 보온성이 떨어지는 것은 아니다. 낮은 필파워의 제품은 적정 보온력에 맞추기 위해 그만큼 우모를 더 넣기도 한다(출처: 노스페이스 홈페이지[3]).

노스페이스의 경우 필파워는 550, 600, 700, 800, 900 등이 부여된다. 일반적으로 숫자가 의미하는 것은 필파워 수치로 같은 양의 다운이 들어간다는 가정하에 550의 경우 부피가 550, 700의 경우 부피가 700을 의미한다. 같은 부피라면 숫자가 높을수록 부피에 차지하는 충전재의 양은 적지만 숫자가 올라갈수록 가벼우면서 보온성이 뛰어난 제품이라고 말할 수 있다. 따라서 일반적으로 디자인이나 기타 기능성을 제쳐 두고 동일한 브랜드로 가정했을 때 필파워의 숫자가 높아질수록 고가의 패딩이 될 가능성이 높다.

보통의 경우 디자인, 모델명을 보고 가격대를 짐작하지만, 노스페이스는 소매 윗부분에 새겨진 필파워만 보고도 가격대를 쉽게 알 수 있다. 그래서 학생들은 눕시2, 써밋 등 제품 이름을 부르지 않고 노페 700, 800 등 필파워 숫자로 패딩을 구분한다. 필파워 수치가 커질수록

---

3) ttp://www.thenorthfacekorea.co.kr/cst.do?todo=newsViewForm&seq=659

고가의 패딩이라고 인식하기 때문에 친구들이 새 패딩을 구매하면 의례히 필파워 수치를 살피게 된다고 응답한 학생이 많았다. 학생들은 필파워 수치를 '등급' 또는 '레벨'이라는 말로 표현하며 친구들의 수준을 가늠하는 척도로 활용하고 있었다.

> 몇 개나 있냐고요? 나는 노페만 세 개 있어요. 히말라야 하나, 드라이로프트 하나, 하이브리드 800 하나요. 히말라야는 작년에 69만 원 주고 샀는데 지금 가격은 잘 모르겠어요. 드라이로프트는 48만 원 정도, 800은 32~33만 원 정도. 가격은 잘 기억 안 나요 그 정도 할걸요. 다른 브랜드도 있어요. 코오롱 하나 있는데 그건 잘 안 입어요. 블랙야크도 있어요, 가끔 입어요. 다 30~40만 원 해요. 근데 저는 부모님이 안 사 주시고 제가 다 샀어요. 다 합치면 200만 원 훌쩍 넘죠. 뿌듯해요. 맨 처음에는 엄마가 노페를 하나 사 주시고, 그 외에는 다 제 돈으로 샀죠. 부모님이 사 주신 건 제일 기본형 23만 원짜리. 애들 제일 많이 입는 거. 그게 제 첫 노페죠. 그러고 보니 노페가 네 개네요. (M1)

M1 학생은 노스페이스 패딩의 '대장급'이라 불리는 '히말라야'를 보유하고 있다. 가격은 60~70만 원대. 뿐만 아니라 이 학생은 노스페이스 점퍼만 4개 보유하고 있고, 그 외에 코오롱 제품 1개, 블랙야크 제품 1개를 가지고 있다. 이 학생은 중학교 때 처음으로 어머니를 졸라서 노스페이스 눕시 550을 구매하게 되었다. 당시 오토바이를 즐겨 타고 다니던 집단의 친구들이 노스페이스 점퍼를 서서히 입기 시작했고 같은 집단에 소속되어 있었기 때문에 친구들과 수준을 맞추어야 한다는 생각에 부모님을 졸라서 눕시 550을 구매했다. 부모님께서는 중학생 수준에 20만 원이 넘는 패딩은 비싸다고 잔소리를 하셨지만 등산복이 기능성이 좋으니까 오래 입을 수 있을 것이라고 말씀하

시며 사 주셨다고 한다. '눕시'는 노스페이스 패딩 중에서는 가장 저렴한 것이지만 당시만 해도 고가의 노스페이스 패딩을 입는 친구들이 거의 없었기 때문에 반 친구들의 부러움을 샀다고 한다. 그 이후 하나둘 사 모으기 시작한 패딩이 벌써 7개가 되었다. 가정형편이 좋지 않음에도 불구하고 학업에 지장을 주는 아르바이트를 해서까지 비슷한 패딩을 여러 개나 사게 된 이유는 무엇일까?

> 맨 처음 중학교 때는 700만 입고 다녀도 엄청 많이 입는 거였거든요. 입고 가면 막 다 쳐다보고 우와-하고. 팔목을 딱 보면 숫자가 있잖아요. 좋은 거 입고 다니면 그거 막 보여주고 싶고 그래요. 700 입은 애들이 부러워서 나도 700을 하나 샀죠. 그런데 다른 애들도 부모님들이 막 사 주고 그러니까 점점 이게 올라가잖아요. 머라 해야되노. 레벨? 등급? 암튼 그런 게 올라가다 보니까 700까지 레벨을 올렸던 나도 욱해 가지고, 좀 지기 싫어서 더 비싼 거 사고, 결국에 히말라야까지 샀죠. (M1)

처음에는 유행을 선도하는 몇몇 학생들이 노스페이스 패딩을 입고 비싼 가격을 은근히 과시하는 즐거움을 누렸다. 그러나 유행이 확산되면서 처음 패딩을 입었을 때의 우월감은 사라졌다. M1 학생의 경우 중학생 시절 부모님이 사 주신 눕시 550에서 시작하였지만 친구들보다 더 좋은 것을 입고 남들과는 다름을 과시하고 싶어서 곧이어 700을 구매하였다. 그때까지만 해도 700은 학생들이 거의 입지 않는 것이어서 부러움을 샀고, 남들에 비해 비싼 제품을 입었다는 것에서 오는 만족감을 느꼈다. 그러다가 700을 입는 학생들이 서서히 늘어나면서 앞서 누렸던 부러움의 시선이 약해지고 친구들과 동화된다는 생각에 노스페이스의 '대장급'으로 불리는 히말라야 파카까지 사게 되었다.

노스페이스의 필파워는 팔목에 바코드처럼 새겨져 한눈에 보인다. 이것은 패딩제품의 기능성을 보여주는 척도이지만 학생들에게는 가격을 가늠하고 패딩의 등급을 구분하는 하나의 기호로써 활용되고 있었다. 외적으로 드러나는 필파워로 인해 필파워 경쟁이 더욱 심화된다. 청소년들은 노스페이스 상품 자체를 소비한다기보다는 상품에 부여된 이미지와 기호를 통해 자신을 차별화하여 나타내기 위해 노스페이스 제품을 구매하고 있었다.

사실상 노스페이스의 유행은 2008년경부터 서서히 시작되고 있었지만 크게 언론의 주목을 받지 못했다. 그런데 2011년 12월경, 한 네티즌이 '노스페이스 계급도(圖)' 이미지를 인터넷상에 게시하면서 노스페이스에 대한 관심이 폭발적으로 증가하게 되었다.

계급: 찌질이
가격: 25만 원

너나 할 것 없이 쳐입어대니까 하나 산 찌질이들의 대표 모델. 노스페이스 눕시2

계급: 중상위권
가격: 30만 원대

이 모델은 가끔 찌질이들이 입긴 하지만 일진이 대다수인 모델. 노스페이스 800

계급: 있는 집 날라리,
등골브레이커
가격: 60만 원대

돈 많은 집 애가 있는 집 날라리, 생거지 새끼가 입으면 등골브레이커

계급: 일반
가격: 25만 원
노스페이스 패딩하면 생각나는
패딩. 찌질이든 일진이든 입음.
노스페이스 눕시1

계급: 양아치
가격: 50만 원대
이 모델부터 등골브레이커
라는 칭호가 주어짐 매우
따뜻하고 찌질이들은 뺏길
까 봐 못 입음. 노스페이스
드라이 로프

계급: 대장
가격: 70만 원대
웬만해서는 보기 드문 모델
등골브레이커가 등골을 빨
아먹으려 해도 70만 원이라는
가격의 압박 때문에 등골브
레이커가 많이 없음. 주로 학
생 아닌 성인이 많이 입음

출처: 경향신문(2011.12.18.)

〈그림 5〉 노스페이스 계급도

    <그림 5>는 노스페이스 패딩별로 해당 제품을 입은 학생들이 학
교 내에서 어떤 계층에 속하게 되는지를 설명하고 있다. 가장 대중적
인 모델인 '눕시2 파카'를 입는 학생은 최하 계급에 속하게 된다. 가
격은 20만 원대이며 노스페이스 제품 중에서 싼 가격이기 때문에 실
제로 학교 내에서 많은 학생이 입고 있다. 계급도에서는 '너 나 할 것
없이 많이 입어 대니 하나 산 찌질이들의 대표모델'이라고 설명하고
있다. 일반 계급으로는 '눕시1' 모델을 소개하고 있다. 가격은 20만
원대로 '찌질이든 일진이든 입는다'라고 소개하고 있다. '눕시 2'모델
보다 먼저 출시된 것으로 초기 일진이 유행을 형성하는 과정에서 많
이 입던 패딩이기 때문에 유행이 확산된 이후에 출시된 '눕시 2'보다
는 높게 평가하였다. 다음 계급은 중상위권으로 30만 원 가격대의 필
파워 800 제품이다. '가끔 찌질이들이 입기는 하지만 일진이 대다수

인 모델'로 소개하고 있다. 그 위 계급은 '양아치' 계급으로 가격은 50만 원대이다. 이 모델부터 등골브레이커라는 칭호가 주어진다. '매우 따뜻하고 찌질이들은 뺏길까 봐 못 입는다'라고 표현하는 드라이로프트 제품이다. 이보다 상위 모델은 '있는 집 날라리들이 입는' 60만 원대의 모델이다. '돈 많은 집 애가 입으면 있는 집 날라리, 생거지 ㅇㅇ가 입으면 등골브레이커'라는 말로 과격하게 표현하고 있다. 가장 비싼 모델인 '히말라얀 파카'를 입은 학생이 '대장' 자리에 오르게 되는데 가격이 무려 70만 원대이다. "웬만해서는 보기 드문 모델로 등골브레이커가 등골을 빨아먹으려고 해도 70만 원의 어이없는 가격의 압박 때문에 학생이 아닌 성인들이 많이 입는다"고 설명하고 있다.

노스페이스 계급도는 어떤 패딩을 입고 있느냐에 따라 학교 내 계급을 분류하고, 입고 있는 패딩이 학교 내 영향력을 평가하는 척도로 활용된다는 점에서 큰 충격을 주었다. 노스페이스는 유행하는 패션 아이템을 넘어서 학교 내 계층을 결정짓고, 학생의 지위를 평가하는 잣대라고 봐도 과언이 아니게 되었다. 이러한 관점에서 본다면 노스페이스 점퍼가 없어서 무시를 당할까 봐 걱정하는 아이들, 그리고 자녀가 노스페이스 때문에 따돌림을 당할까 봐 서둘러 패딩을 사 주려고 하는 부모님의 마음이 당연한 것일지도 모른다. 실제로 면접에 임한 학생들은 누가 어떤 패딩을 소유하고 있는지 어느 정도 파악하고 있었다. 700 입는 애들은 누가 있고, 800은 누가 있다는 식으로 학생들을 분류하고, 그 순서대로 친구들을 나열하는 모습을 보이고 있었다.

애들이 서로서로 누구는 무슨 패딩 입고 있다. 이런 걸 대충 알아요. 서로 뭘 입고 있는지 보고 은연중에 평가하는 게 있어요. 그냥 마음속으로만 생각하면 다행인데 직접 이야기를 하잖아요. 쟤는 노

페나 코오롱을 입으니까 잘나가는 아이. 쟤는 하나도 없네? 집이
못사나? 이런 거. 그러면 마음속으로 상처를 받겠죠. 저도 그래서
남들이 다 입으니까 노페는 일부러 안 샀지만, 대신 나이키가 두 개
있어요. 나이키 정도 입으면 뭐라 안 하겠지 하면서 신경을 써요.
있어 보이겠지 하는 생각. 동물적이죠. 브랜드가 없는 옷을 입고 다
니는 애들을 보면 안 되어 보여요. 근데 브랜드가 없어도 멋지게 입
으면 대단하다고 생각해요. 좀처럼 그런 일이 잘 없으니까. (M3)

아이들은 서로 누가 어떤 패딩을 입는지 살피고 있었다. 그리고 그
아이의 패딩과 자신의 패딩을 비교해 가며 마음속으로 비교를 하고
있었다. 그리고 브랜드가 없는 패딩을 입는 아이들을 보면 '안 되어'
보인다는 생각을 하는 것으로 보아 저렴한 옷을 입는 학생을 자신보
다 낮게 평가하는 경향이 있었다. 만약 노스페이스를 입지 않는다면
그와 견줄 다른 유명브랜드의 옷을 입어야 한다고 생각하고 있다.

실제로 노스페이스에 대한 경쟁이 무의미하다고 응답한 학생 중
유명 브랜드가 아닌 제품을 가지고 있는 학생이 거의 없었다. 노스페
이스가 너무 광범위하게 유행하면서 노스페이스 패딩을 구매하지 않
는 대신에 비슷한 수준의 다른 제품을 구매하는 학생들도 많았다. 그
학생들은 노스페이스에 대한 추종을 비판하면서 자신은 다른 제품을
입었다고 당당하게 이야기하였다.

애들이 입는 디자인 보면 얼마짜린지 다 보여요. 새 패딩 딱 입고
오면 시선 집중이죠. 애들이 다 쳐다보고 알아요. 사실 나이키나 다
른 점퍼는 디자인이 다양하고 그러니까 저게 얼마짜리고 이런 느낌
이 잘 없는데 노페는 딱 티가 나거든요. 600, 700, 800 이런 식으로
팔목에 딱 새겨져 있어요. 높을수록 가격이 비싸지죠. 애들이 그거
진짜 민감해요. 그래서 누가 패딩 딱 사면 다 살펴요. 등짝이랑 가
슴팍에 노스 붙어 있는지 먼저 확인하고 제일 먼저 "얼마짜린데?"
물어보죠. 종류별로 다 아는 애들은 비싼 거 샀네, 싼 거 샀네 딱 알죠.

그거 보고 부러워하기도 하고 평가해요. 근데 요즘은 애들이 700, 800 이런 것도 워낙 많이 입어서요…… 좀 구분하는 의미도 없고요. 윈드스톱퍼 표시가 딱 되어 있으면 그게 진짜 좋아 보이죠. (M4) 반면에 안 가진 애들은 상실감이 크죠. 주로 안 가진 애들은 공부도 못하고 못 노는 애들. 공부도 못해서 엄마한테 이것저것 사 달라고 하지도 못하고 노는 무리에도 안 끼여 있으니까 오토바이도 못 타고, 그래서 배달알바 이런 것도 못 해서 돈도 잘 못 벌죠. 사실 일진은 좋은 패딩 입고 다니니까 다 잘 사는 줄 아는데요, 다 그런 건 아니거든요. 근데 자기가 알바해서라도 사 입죠. 이제 좀 커서 옷 못 입고 이런 애들 무시하고 그런 건 아니지만, 예전에는 다른 패딩 입고 있는 애들 보면 좀 우스웠죠. 못 사나? 가난하나? 그런 생각 들고. 요즘은 워낙에 아무나 다 입으니까 그런 생각이 크게는 안 드네요. 그래도 마음속에 좀 그런 건 있겠죠. 근데 말해 놓고 보니까 좀 그런데, 사실 제가 이상한 애라서 무시했던 게 아니고요, 실제로 교실에서도 말도 잘 안 하고 건드려도 별 반응 없는 애들, 자기 의견 주장 못 하는 애들이 실제로 그런 애들인 것 같은데요. (M2)

어떤 등급의 패딩을 입느냐에 따라 평가가 달라진다고 응답한 학생이다. '공부도 못하고 못 노는 애들', '공부도 못해서 엄마한테 이것저것 사 달라고 하지도 못하고, 노는 무리에도 안 끼여 있으니까 오토바이도 못 타서 배달알바도 못 하는, 그래서 돈도 잘 못 버는'이라는 표현에서 보이는 것처럼 노스페이스 패딩을 갖지 못한 학생들을 상당히 부정적으로 평가하고 있었다. 또한 패딩을 갖지 못한 학생들이 자기주장을 강하게 이야기하지 못하고 소극적인, 학급 내에서 영향력이 없는 학생들이라고 평가하는 학생도 있었다.

확실히 노페 비싼 거 입는 애들은 우리 반에서 싸움도 좀 잘하는 애들인 거 같기도 해요. 요즘은 다 입고 다니니까 노페 입는다고 다 일진은 아닌데, 그래도 그런 경향은 좀 있죠. ○○이나 ○○ 같은 애들, 비싼 거 입고 다니는 애들이 목소리도 좀 크고 당당하고 그렇죠. 자기 멋대로 하려고 하는 애들이고. 공부 잘하는 ○○도 입어

요. 걔는 공부도 잘하고 잘 어울려 놀기도 해서 애들이 인정해 주는 아이죠. (M6)

사람들은 자신들이 가지고 있는 유행의 기준을 바탕으로 다른 사람들을 판단하고 계급화하는 경향이 있다. 이 속에서 자신들의 집단의 것이 더 우월하다는 이데올로기를 만들며 유행을 통해 그 정당성을 부여받는다. 유행의 현상은 유행 선구자와 추종자라는 이름으로 계급화가 재현되는 현실을 함의한다(박기웅, 조정연, 2010). 이를 통해 노스페이스 유행은 패딩을 가지고 있는 학생과 가지지 못한 학생에 대한 구별의 기제로서 학교 내 계급화를 만들어 내었다.

▶ 표 18 노스페이스 등급에 대한 인식

구분		또래집단 유형	N	평균	표준편차	F
영역	문항					p
등급에 대한 인식	친구들의 노스페이스 패딩 등급을 살핀 적이 있다.	A	338	2.2160	1.19250	7.431
		B	552	2.4583	1.18601	
		C	63	2.7619	1.39947	.001**
	노스페이스와 어울리지 않는 학생이 비싼 등급을 입으면 우스워 보인다.	A	337	2.7507	1.27832	5.243
		B	552	2.9764	1.25500	
		C	63	3.2222	1.45297	.005**
	노스페이스 상표와 등급이 잘 보여서 인정받는 느낌이 든다.	A	338	2.2574	1.09030	6.230
		B	552	2.5236	1.15708	
		C	63	2.5714	1.22756	.002**
	노스페이스 패딩의 등급을 친구들이 알아봐 주면 뿌듯하고 기분이 좋아진다.	A	338	2.0414	1.03273	12.969
		B	552	2.3007	1.09617	
		C	63	2.7460	1.45877	.000***

* $p < .05$, ** $p < .01$, *** $p < .001$
A: 순응형 또래집단, B: 중간형 또래집단, C: 저항형 또래집단

통계자료는 또래집단 유형별 노스페이스 등급에 대한 인식의 차이를 나타내고 있다. 이미 노스페이스 유행이 소멸기에 접어들고 있기 때문에 설문에 응답한 학생들이 노스페이스에 대해 부정적으로 바라보고 냉소적으로 설문에 응답하는 경향이 있었다. 그럼에도 불구하고 등급과 관련된 문항 모두 C집단(저항형)의 평균이 가장 높게 나타난 것으로 보아 저항형 청소년들이 가장 등급을 의식하는 것으로 나타났다. 특히 어울리지 않는 등급을 입은 학생이 우스워 보인다는 문항은 학생들 나름대로 노스페이스와 어울리는 아이와, 어울리지 않는 아이로 분류를 해 놓는다는 점에서 학교 내 또래집단의 성향이 노스페이스 현상과 관계가 있음을 확인할 수 있었다.

(3) 위세경쟁에서 배제된 아이: 순응형(무기력형) 또래집단을 중심으로

노스페이스 현상이 보편화되고, 이제 가지면 주목받는 아이템이 아니라 뒤처지지 않기 위해서 반드시 가져야 하는 '머스트 해브 아이템'이 되었다. 인위적으로 형성된 유행은 구성원들에게 하나의 틀을 짓고 그 속에 속하지 않는 사람들을 배제시키는 경향이 있다. 학교 내에서 유행하는 비싼 등급의 패딩을 입기 위해서, 그리고 남들과는 차별화된 색깔의 패딩을 입으면서 경쟁하는 것은 사실상 그들만의 리그일지도 모른다. 분명히 학교 내에서 이러한 계급화 현상이 어느 정도 관찰될지라도 유행을 의도적으로 거부하거나, 유행의 흐름에서 배제된 집단이 존재한다. 또래집단의 유형으로 분류한다면 순응형 또래집단이다.

순응형의 청소년들은 학교의 규칙을 잘 준수하고 교내외 활동에서 모범적으로 생활하며 크게 튀는 비행을 저지르지 않는 집단이다. 복

장이 단정하고 교사와의 관계도 좋은 편이다. 저항형 또래집단이 중요시 여기는 가치가 놀이문화, 또래관계라면 순응형은 주로 학업이 학교생활에서 제일 중요한 가치라고 답한다. 그렇기에 패션, 유행은 순응형 집단에게 부차적인 것이며 상대적으로 덜 중요한 의미를 갖는다고 볼 수 있다. 실제로 인터뷰나 설문조사를 통해서도 이러한 경향을 확인할 수 있었다.

순응형 또래집단은 크게 두 유형으로 분류할 수 있다. 학업에 대한 의지가 강해서 공부를 열심히 하고 매사에 의욕적인 학생의 유형과, 별문제 없이 조용히 학교생활을 하지만 학업에 대한 의지가 약하고 매사에 의욕이 없는 학생의 유형으로 크게 나누어 볼 수 있다. 인터뷰를 통해 같은 순응형 내에서도 성향에 따라 노스페이스에 대해 부여하는 의미가 다름을 확인할 수 있었다. 학생들에게 있어 노스페이스는 어떤 의미를 가지고 있는지 물었다.

> 패딩가격이 거의 평균 30~40만 원이니까요. 비싸죠. 어차피 난 못하고 하니까 관심을 끌려고 해요. 애들이 많이 입고 있으니까 사고 싶다고 좀 생각한 적이 많죠. 애들 옷을 입고 있어 보면 가볍고 따뜻하고 해요. 저랑 친한 친구들 중에는 노페 입는 애들 거의 없는데요, 안 친한 애들 중이 저한테 가끔 빌려 주기도 해요. 교실에 히터 틀면 덥다고 입고 있으라고 그러죠. 벗어 놓으면 누가 훔쳐 가니까요. 노페는 가볍기도 하고. 따뜻하기도 하고. 제 패딩에 비해서 훨씬 좋으니까요. 사고 싶다는 생각은 했었죠. 웬만하면 학교에서는 패딩 잘 안 입는데. 그래서 초겨울에 교복만 입고 있으면 위에 입기도 하고. 제 패딩 입고 있을 때는 벗어놓고 걔 거 입을 때도 있었고. 내 패딩 위에다가 껴입을 때도 있었고요. (M6)

> 어차피 떨어질 거 같아서…… 유행이요. 그냥 지나가겠죠. 그래서 그냥 생각을 안 해요. 예쁘다고 생각한 적도 있지만. 그냥 지나가

겠죠. 그 유행이. 빨리 지나갔으면 좋겠어요. 전 못 사요. 비싸니까 그냥 눈으로만 봤죠. 그냥 생각해요. 너무 비싸니까 그냥 옷 살 바에야 다른 걸 사죠. 부모님께도 이야기했어요. 옷은 그냥 내가 편한 거 입고 그러면 될 것 같아요.

그런데 이렇게 스스로를 위로하고 있지만, 근데 막상 노페를 내가 입게 된다면 정말 기분이 좋을 것 같아요. 자신감도 생길 것 같아요. 노페 비싼 등급 입는 애들이 힘도 좀 세고, 목소리도 큰 애들이거든요. 원래 그런 애들이 입는 건지, 아니면 입어서 그렇게 된 건지 모르겠지만요. (M7)

위의 두 학생은 학급 내에서 조용히 지내고 튀는 행동을 하지 않는다. 조용한 성격 탓에 학급 내에서 부당한 일이 있어도 크게 목소리를 내지 않는다. 그래서 저항형, 중간형 또래집단의 학생들에게 놀림을 받거나 무시를 당하는 경우가 많다. 두 학생 모두 가정형편이 매우 좋지 않다. M6 학생의 경우 부모님의 사업실패로 계속 어려운 생활을 해 오고 있고, 학비지원을 받고 있는 상태다. 아버지는 막노동일, 어머니는 작은 회사의 경리를 보시며 맞벌이로 생계를 꾸려 나가고 있는데, 이제 막 좋아지고 있는 가정형편에 한 달 용돈 4만 원을 자발적으로 1만 원으로 줄여서 받고 있는 학생이다. 두 학생 모두 어려운 가정형편임을 알기에 부모님께 사 달라는 말을 꺼내지도 않았다고 말했다. 가끔 친구들의 패딩을 보면 너무 부럽고, 잠깐 입고 있으라고 빌려 주면 그 보온성에 감탄했다고 말하며 입는 친구들을 부러워하지 않으려고 하지만 부러워진다고 솔직하게 답변해 주었다.

M7 학생의 인터뷰를 보면, 당당하고 자신의 의견을 잘 말하며 자신감에 넘치는 친구들이 주로 노스페이스의 높은 등급을 입는 경향이 있다며 자신도 노스페이스를 입으면 그렇게 될지 의문이라는 이야기도 하였다.

학생이고 하다 보니까 거의 교복만 입고 다니니까요. 교복이 그냥 좋아요. 겨울에도 교복 입고 다니고 오리털 그냥 엄마가 사준 거 입고 다니고 있어요. 근데 거의 안 입어요. 차라리 안 입는 게 나아요. 애들이 무슨 브랜드냐고 물어봐요. 어떤 애는 제 패딩을 뒤집어서 본 적도 있어요. 어디 거냐면서. 진짜 도망가고 싶었어요, 부끄러워서. (M7)

패딩 안 살라고 그랬는데 부모님이 계속 데리고 가서 상설매장에서 계속 사라고 해서 그냥 골랐죠…… 아식스 매장이 보이기에 그냥 들어가서 바로 샀어요. 어차피 다 똑같아요. 옷에는 관심을 안 두려고 하고 있어요. 나를 남에게 드러내기 위해서 뭐 하고 그런 건 없어요. 튀는 것도 싫고요. 튀는 거 별로 안 좋아해요. 근데 애들도 다 마찬가지예요, 교복만 입거나 교복 위에는 그냥 다들 패딩. (M6)

노스페이스를 입지 못하는 학생들은 아예 패딩을 입지 않는 것이 낫다고 생각했다. 어떤 브랜드를 입느냐에 따라 레벨이 나뉘기 때문에 차라리 안 입으면 상실감이 덜 든다고 말한다.

노스페이스를 입고 학교에 못 오는 애들이 있어요. 학교에 그런 거 못 입고 가게 하는 부모님이 있어서 그런 경우도 있고. 딱 보면 불량스럽게 보이니까요. 사실 처음엔 일진이 많이 입었고요. 그리고 그걸 지킬 힘이 없는 애들이 있어요. 남들이 입고 다니니까 따라 사기는 했는데, 학교에 입고 오면 뺏겨요. 대놓고 빼앗지는 않죠. 벗어 놓고 있으면 그냥 애들이 가져가요. 제 건 못 가져가지만요. 그러니까 이미지에 안 맞게 노페를 입으면 그런 일을 당할 수도 있다고요. (M1)

학교에서 애들을 서열화했을 때요, 주로 하위집단에 있는 애들은 대우를 받는다기보다 남들과 같이 있으면 항상 손해를 보잖아요. 맞는다든가, 빼앗긴다든가. 그래서 조금이라도 덜 접촉하려고 피하거나 어쩔 수 없이 힘센 애들이랑 부딪혔을 때는 다 해주고 말죠. 주로 일진은 힘이 세고 싸움을 잘하기도 하지만 성격도 더럽거든요. 자기주장이 드세고요. 모든 걸 힘으로 해결하려고 하죠. 원하는 대로 안 되면 주먹이 날아가고. 그러니까 무서워서 피하죠.

OO 있죠, 걔가 막 맞고 사는데 지난번에 그런 적 있어요. 패딩을 입고 온 거예요. 근데 이게 무슨 브랜드냐고 애들이 놀린 적 있어요. 패딩 뒤집어서 상표 확인하고. 애들이 브랜드에 집착하는 경향이 있어요. 저도 그때 옆에 있어서 웃었어요. 저도 나쁜 놈이에요. 애들은 말은 안 하지만 집안의 경제적 능력에 따라 자기 스스로 서열을 매기고 있는 것 같아요. 부모님이 돈이 많다고 으스대는 애들이 있어요. 그걸 표현하는 수단이 옷이고요. 딱 드러나는 게 노스페이스 계급이고요. 그래서 노스를 입으면서 그런 애들끼리 결집하는 거죠. 못 입는 애들은 부러워하고. 학창시절에는 부모님의 능력이 곧 자기 능력이 되는 것 같아요. 저요? 전 덜 집착해요. 저희 집은 좀 잘사는 편인데, 애들이 다 알거든요. (M3)

M1 학생은 노스페이스 패딩을 어울리지 않는 학생이 입었을 경우에 빼앗길 수도 있다고 이야기하였다. 어울리지 않는 이미지, 예를 들면 소극적이고 조용한 학생이 노스페이스 패딩을 입는 경우에 노스페이스의 이미지와 어울리지 않는다고 이야기하고 이런 경우에는 빼앗길 수도 있다고 이야기하였다.

M3 학생은 노스페이스 계급은 곧 부모님의 경제력을 보여주는 척도로 활용된다고 말하였다. 학창시절에는 부모님의 경제력이 곧 자신의 능력으로 여겨지기도 한다며 경제력을 과시하기 위해 비싼 패딩을 입는다고 하였다. 본인은 유행에 편승하는 것이 무의미하다고 생각하여 구매하지 않았고, 앞으로도 그럴 계획이 없다고 하였다. 그렇지만 M3 학생 또한 노스페이스를 입지 않았지만 나이키 패딩을 3개나 보유한 상태이며, 신발, 가방 모두 나이키를 소유하고 있어 학생들 사이에서는 '부잣집 아들'로 인식되어 있다. 그러므로 굳이 노스페이스 패딩을 구매하지 않았더라도 이 학생의 경우에 무시당할 확률이 극히 낮으며, 이런 이유로 굳이 자신의 부를 과시하고 드러낼 필요가 없기 때문에 유행에 적극적으로 편승하지 않는 것인지도 모른다.

그렇다면 학교 내에서 학생들은 '노스페이스 계급도'에 대해 어떻게 생각하고 있을까? 실제로 학교 내에서 계급도에서 보여주는 것처럼 '대장'부터 '찌질이'까지 계급이 나누어져 있고, 계급으로 스스로의 위치를 평가하는 것일까?

> 처음 나왔을 때 공감도 되었죠. 한눈에 보이게 딱 정리해 주니까. 맞다 맞다 하면서 봤었죠. 되게 많이 웃었어요. 근데 이게 뉴스에 막 나오고 어른들이 욕하고 하니까 문제가 좀 심각해지더라고요. 제 생각에는 우리 학교 내에서는 계급도 ……가 100퍼센트 맞는 건 아닌 것 같아요. 계급도로 따지면 드라이로프트 이런 것은 일진급 양아치가 입어야 되잖아요? 그런데 그런 것 상관없이 사고 싶으면 누구나 다 사요. 애들이 많이 입고 있어요. 안 입는다고 계급도처럼 '생거지'라고 생각하는 것도 아니고요. 근데 애들끼리 등급을 살피는 건 사실이고요, 높은 등급 입는 애들 보면 좋은 거 샀네 하는 것도 있어요. 티는 안 내도 좀 그런 게 있죠.

M5 학생은 노스페이스 계급도에 대해서 어느 정도 공감을 하는 부분이 있다고 말하면서도 실제로 학교 내에서 노스페이스 등급에 따라 학생들의 계급이 나누어지는 것은 아니라고 말했다. 조사대상이 된 학교의 학생들 전체를 조사한 결과 학생들의 또래집단 유형에 따른 노스페이스 구매행태는 유의미한 차이가 있기는 하였지만 일진이라고 800, 900을 반드시 입고, 순응형인 경우에 550, 600을 반드시 입는 것은 아니었다. 오히려 모범생의 경우에 비싼 등급을 구매하는 경향이 나타나기도 하였다.

그렇다면, 광범위하게 확산된 노스페이스 제품의 유행, 서열화되어 나타난 노스페이스 등급의 분화 현상을 어떻게 설명해야 할까?

이러한 현상을 학교 내 또래집단의 서열화, 계급화 현상으로 보고

한 신문기사에서는 노스페이스 현상을 부르디외의 '구별 짓기' 이론으로 설명하기도 한다.

부르디외는 취향이 단지 개인적 선택의 산물이 아니라 사회적으로 영향을 받은 것이며, 지위 집단이나 계급집단은 자신이 속한 집단의 생활방식을 다른 집단과 구별 짓는 데 유용하게 쓰이는 소비양식을 통해 스스로를 차별화한다고 하였다. 그리고 자신의 취향의 우월성을 확보하고 다른 집단과 거리를 두면서 자신의 정체성을 강화하기도 한다. 노스페이스 현상도 어떤 등급의 제품을 입느냐에 따라 개인이 속한 집단이 서열화되고, 좀 더 높은 등급의 노스페이스 패딩을 입음으로써 다른 집단과 자신을 구분하기 위한 차별화 전략이 되기도 한다. 또한 다른 집단과의 차이와 거리감을 통해 자기가 속한 집단의 정체성을 강화하는 부분도 있다.

그러나 구별 짓기 이론으로 노스페이스 현상을 설명하기에는 다소 무리가 있어 보인다. 첫째로 학생들의 계급적 지위를 분명하게 나누어 집단별로 서열화하여 구분 짓기 어렵다는 점, 또한 상위계급을 지배계급, 하위계급을 피지배계급으로 평가할 수도 없는 부분이다. 물론 계급도는 대장부터 찌질이 계급까지 서열화하여 나타내고 있지만 실제 학교 내에서 노스페이스 패딩의 구매 현황을 살펴보면 계급, 개인의 성향과는 무관하게 패딩제품을 구매하고 있었다. 그리고 학생들 또한 높은 등급의 옷을 입는 학생이 자신감에 넘쳐 보이고, 경제적으로 부유해 보이기는 하지만 그것이 경제적인 요인에 의해서 분명히 서열화되는 것은 아니라고 말한다. 두 번째 이유는 사회적 지위에 의해 노스페이스에 대한 취향이 결정되는 것이 아니기 때문이다. 노스페이스 제품이 고가이기 때문에 경제적으로 부유한 학생들이 쉽게 구매하는 것은 맞지만, 그렇다고 해서 노스페이스가 상류층의 취향이며, 상류층 학생이 자기 계급의 취향에 영향을 받아 노스페이스를 집단적으로 구매하였다고 설명하기에는 무리가 있다.

앞서 Simmel의 모방과 차별화의 균형에 의한 유행의 형성과 전파과정에 대해 설명하였지만, 학교라는 공간의 특수성, 그리고 학생이라는 신분의 특수성을 좀 더 고려할 필요가 있다.

2) 분화의 기제: 자기표현 욕구

현대 소비사회의 큰 특징 중 하나는 상품에 나타난 기호(sign)와 상징(symbol)들의 증가이다. 상품의 기호와 상징들은 무의미한 존재가 아닌 상품에 투입된 이미지나 이데올로기를 반영하는 경우가 많으며 그 기저에는 문화적 의미가 존재하고 있다. 소비자들은 이러한 기호가 사용된 상품의 소비를 통해서 개인의 정체성을 표현함과 동시에 자신을 타인과 구별하려고 한다. 그러나 때로는 동일한 물건을 소유함으로써 타인과 같은 부류의 사람으로 인정받고자 하는 동조적 상징을 추구하기도 한다. 따라서 우리가 사용하고 있는 상품은 단순한 물적 대상으로서가 아니라 새로운 자기표현의 상징물로써 존재하게 되는 것이다.

계급현상도 청소년들의 '자기표현의 욕구'로 바라볼 필요가 있다.

> 노페 계급이 나눠 있다 그런 말이 인터넷에서도 나오고 뉴스에서도 나오고 그렇잖아요. 사실 샘이 아시는 것처럼 일진 애들이 확실히 전부 노페를 갖고 있어요. 맞죠?
> 근데 계급도에 나와 있는 게 다 그런 건 아니거든요. 첨에 계급도

가 딱 나왔을 때 약간 공감하는 것도 있었는데요, 솔직히 그게 다 맞는 것도 아니거든요. 계급을 나눈 것도 좀 우스운 게 너무 요즘은 다 입으니까요. 제 생각에는 옷을 사고 나서요, 내가 이거 사면 이 무리 안에서 좀 되는 놈이다, 이것보다는 이거 사면 다른 사람들 보다 좀…… 음…… 옷이 디자인도 좀 괜찮다고 했잖아요? 그러니까 노스를 입고 다니면 남들이 괜찮게 보겠지 하는 마음에 사고, 자기의 옷 입는 센스를 잘 표현해 준다 해야 하나. 그래서 입는 게 제일 크죠. 친구들끼리 안 입는다고 무시하거나 무리에서 빼거나 그런 건 없어요. 마찬가지로 나보다 싼 거 입었다고 장난으로 놀릴 수는 있지만 진심으로 막 머라고 하진 않아요. 아예 이상 망측한 상표 이런 것 아니면. (M2)

M2 학생 또한 노스페이스 계급에 대해 회의적인 반응을 보였다. 물론 계급도에서 보이는 것처럼 저항형인 경우에는 상대적으로 비싼 노스페이스 패딩을 입는 경향이 있긴 하지만, 학급 친구들을 계급으로 나누어 누가 누구의 지배를 받는다거나, 제일 힘이 약한 학생은 비싼 옷을 입으면 뺏긴다거나 하는 것은 현실상 그렇지 않다는 것이다. 또한 친한 친구들 속에서 같은 등급의 패딩을 입지 않았다고 해서 배제시키거나 하는 경우도 거의 없다고 말했다. 오히려 일진이 비싼 패딩을 입는 이유는 부유함을 과시하는 부분이 있기도 하지만 결국에는 자신이 추구하는 세련되고, 강한 이미지를 표현하기 위한 것에 가깝다는 의견을 내놓았다.

자기표현(Assertiveness)은 자기표현 행동(Assertiveness behavior) 또는 자기표현적 반응(Assertiveness response)이라고 불리고 있으며, 많은 연구자들이 다소 상이하게 자기표현 행동을 정의하고 있다(정규진, 2004). 자기표현의 방법은 언어적 표현과 비언어적 표현이 있다. 그중 비언어적 표현이 차지하는 비율이 70% 정도인데 이 중 생활에서 개인이 가장 손쉽게 표현할 수 있는 방법은 의복에 의한 표현이라고 할 수 있다(Sato Ayako, 1994).

의복은 자아의 한 구성요소이며 자아가 형성되고 확인되는 외모의 한 측면으로 자기에 대한 정체감, 기분, 태도를 전달하는 의미 있는 상징이며 자기가치, 자존심의 표현으로 지각되고 자기 평가의 감정적인 요소로 인정되며 신체적 만족과 관련된다(Sontage & Schlater, 1982. Proximity of clothing to self: Evolution of a concept. Clothing and Textiles Research Journal. 9(3). 35 – 44). 오늘날 청소년은 대중매체와 인터넷이 발달하면서 다양한 방법으로 자신을 표현하게 되고, 이렇게 형성된 유행은 급속도로 확산되어 간다.

> 노페 유행하면 다 일진 같은 애들을 생각하는데요, 실제로 일진보다는 어정쩡한 애들, 일진 따라다니는 애들이 더 집착해요. 올 학교 일진 중에서 히말라야 입고 있는 애들도 있는데요, 그래 봤자 한두 명이고 일진은 눕시 이런 거 입어도 당당하던데요. 등급에 집착하는 애들은 따로 있어요. (M7)

> 계급은 좀 모르겠어요. 특히 여자애들은 안 입었다고 무시하거나 서열을 나누고 이미 그 무리에 있으면 보세를 입어도 무시를 안 해요. 이미 일진이잖아요. 일진이라는 걸 드러낼 필요가 없어요. 학교 안에서는 그렇죠. 이미 소문이 다 나 있으니까. 일진인데 후진 패딩을 입으면 의외다 하는 생각을 하겠죠. 첫 느낌은 그렇겠죠. 그 다음에는 가정형편이 어렵나? 아니면 어! 효자인가? 이런 생각을 하죠. (F3)

실제로 인터뷰를 진행하면서 저항형, 순응형의 또래집단에 비해 중간형 또래집단의 학생이 노스페이스에 '집착한다', '신경을 많이 쓴다'라는 의견을 들을 수 있었다. 통계적으로 보면 실제로 중간형이 구매한 노스페이스 등급은 오히려 순응형보다 평균적으로 낮았지만, 반면 평균적으로 패딩의 구매 개수는 많았다. 즉 가격과는 무관하게 여러 개 구매하는 경향을 보였다. 중간형 또래집단에게 구매이유를 물어보았다.

노스페이스를 입지 않으면 왕따를 당할 것 같아서 부모님을 졸랐다는 의견, 노스페이스 패딩이 없는 친구들을 보면 안쓰러워 보인다는 의견, 친구들의 등급을 살피기도 하고 좋은 패딩을 입는 친구가 부럽다는 등 그들은 우선, 높은 등급도 중요하지만 우선은 낮은 등급이라도 소유 그 자체에 큰 의미를 두고 있다는 것을 확인할 수 있었다. 다른 친구들과 견주어 소외당하지 않고, 노스페이스 유행에 뒤처지지 않기 위해서 말이다.

그렇다면 왜 중간형 청소년들이 순응형과 중간형 또래집단보다 더 유행에 대해 민감하게 받아들이는 것인가?

> 음, 패션보다는 공부 아닌가요? 대학 가서 살 빼고 꾸미면 되죠. 저도 트레이닝복만 입고 다녀요. 노스페이스 노스페이스 하지만, 전 별로 관심 없어요. 다 똑같은 패딩 입고 다니는데 그걸로 개성이 드러난다는 것도 좀 웃기고요. 전 노페 비싼 거 입는 남자애들도 안 있어 보이던데요? 그냥 지네들 생각인 것 같아요. 전 나중에 좋은 대학 가서 예쁜 옷 입고 다닐 거예요. (F4)

모범생 집단의 학생은 가장 중요한 것은 공부이며, 자신의 가치를 높이기 위해서는 열심히 공부해서 좋은 대학에 진학해야 한다고 말했다. 지금은 공부를 하느라 살도 찌고, 그래서 편한 트레이닝복만 입고 다니지만 좋은 대학에 진학하게 되면 자신을 가꾸고 예쁜 옷도 얼마든지 입을 수 있을 것이라고 말하면서 유행에 크게 관심이 없다고 말했다.

저는 노페가 있긴 한데요, 옛날에 산 거라서요, 600이거든요. 제 패딩은 계급도 보니까 찌질이더만. 근데 아무도 저한테 찌질이라고 안 해요. 물론 코오롱이나 다른 패딩이 있어서 그럴지도 모르는데요. 뭐 좋고 비싼 패딩을 입으면 기분이야 좋죠. 근데 그게 전부는 아닌 것 같아요. 첨에 내가 뭐 유행을 선도한다, 남들과 다른 걸 입고 있으면 느껴지는 짜릿함 이런 게 있는데요, 조금만 시간이 지나면 다 따라 살 거잖아요. 그러니까 그런 만족감은 잠깐이니까요. 꼭 등급에 집착하고 그런 건 아닌데요. (M1)

▶ 표 19 자기표현 욕구

구분		또래집단	N	평균	표준편차	F
영역	문항					p
유행	나는 학교에서 유행을 선도하는 스타일이다.	A	388	1.9142	1.00520	28.185
		B	551	2.2359	1.04214	.000***
		C	62	2.9677	1.50374	
	유행이 지난 후에는 입고 싶어지지 않을 것 같다.	A	338	2.7781	1.23062	6.557
		B	551	3.0690	1.20558	.001**
		C	63	3.1429	1.37790	
자기표현	나의 개성과 패션센스를 잘 표현해 줄 것 같아서 구매하였다.	A	330	1.9364	.92527	11.365
		B	550	2.2160	1.05056	.000***
		C	62	2.5645	1.33823	
	같은 노스페이스라도 남들이 잘 안 입는 컬러, 디자인을 구매하였다.	A	338	2.4172	1.19864	16.229
		B	551	2.8385	1.25236	.000***
		C	63	3.1429	1.34233	

* $p < .05$, ** $p < .01$, *** $p < .001$
A: 순응형 또래집단, B: 중간형 또래집단, C: 저항형 또래집단

저항형 청소년들은 남들과 다른 것, 튀는 것으로 자신의 존재를 각인시키고 싶어 한다. <표 19>의 저항형 또래집단(C집단)은 유행 선도항목에서 평균값이 2.96으로 다른 집단에 비해 가장 높고, 유행이

지난 후에는 안 입고 싶다는 항목의 평균값 역시 3.14로 가장 높았다. 즉 저항형 청소년들은 남들과 다른 것을 추구하기 때문에 새로운 유행을 형성하고, 유행이 보편화되면 유행에서 빨리 벗어나는 것으로 해석할 수 있다. 자기표현의 측면에서도 저항형 청소년은 자신의 개성을 표출하기 위해 구매하였다는 문항, 같은 노스페이스라도 남들이 안 입는 제품을 구매하겠다는 문항 모두에 상대적으로 가장 높은 평균값을 나타낸 것으로 보아 저항형 청소년들은 노스페이스를 통해 자신의 개성을 표출하고자 하는 욕구가 가장 강한 것으로 드러났다.

실제로 저항형 또래집단은 아무도 입지 않던 노스페이스 바람막이, 패딩을 입음으로써 자신의 존재감을 드러내고 과시하였다. 이들 중 대다수는 비싼 가격의 노스페이스 패딩을 구매함으로써 자신을 표현하고자 하지만 비교적 낮은 등급의 노스페이스 패딩을 입더라도 튀는 색상, 독특한 무늬를 선호하였다. 때문에 낮은 등급의 패딩을 입고 있는 저항형 학생도 패딩의 가격과 등급 때문에 주눅이 드는 기분은 크게 느껴 본 적이 없고, 또한 노스페이스 패딩을 입지 않아도 다른 또래집단 친구들 중에서 자신을 무시하는 학생도 없었다고 응답했다. 학교라는 공간이 폐쇄적이고 학업 지향적이기 때문에 답답하고 적응하기 힘들지만, 남들과 다른 패션, 놀이문화와 일탈을 통한 저항으로 스트레스를 해소하고 있었다. 따라서 저항형 청소년에게 노스페이스는 유행 형성기에 남들과 다름을 드러내기 위한 자기표현의 아이템이었다.

> 아이들 사이에서는 과시욕 이런 게 있어요. 확실히. 남의 눈치도 많이 보고. 다른 사람에 비해 나는 어떤가 끊임없이 비교하죠. 그런데 정도의 차이는 있는 것 같아요. 특히 그 아이가 소속된 집단에 따라서. 아까 또래집단 무리를 나눠 보라고 하셨잖아요. 그중에

서 공부 열심히 하는 애들은 주로 공부로 경쟁하면서 등수가 나오
면 내가 얘보다 위에 있다 하는 만족감. 그런 걸 느끼기 위해 공부
를 열심히 하고 경쟁하죠. 예를 들면 우리 학교는 정독실 자리를
등수대로 배정하는데요, 그 등수에 좀 집착하죠. 일진은 내가 얘보
다 좀 세다, 싸워서 이겼다 혹은 내가 좀 논다, 클럽도 가 봤다, 술
은 얼마만큼 마신다, 좀 센 걸 기준으로 경쟁하죠. 물론 옷도 비싼
거 입으면서 내가 얘한테 공부로는 안 되지만 옷은 더 예쁘게 입
어. 그리고 비싼 거 입어. 이런 거.
근데 문제는 어정쩡한 애들이죠. 아예 주먹 센 애들은 내가 힘세니
까—하고 그게 다인데, 중간에 애들은 아등바등하는 거죠, 어정쩡
하니까요. 걔들은 튀는 게 없으니까 잘난 척할 게 없어요. 실제로
노페에 집착하는 애들도 어정쩡한 애들일걸요? 엄청 일진도 아닌
데, 걍 놀고는 싶고. 일진 근처에 붙어 있는 애들. (F3)

중간형의 청소년도 저항형의 청소년과 마찬가지로 자신의 존재를
표현하고 드러내기 위해 노스페이스를 입는다고 말한다. 그러나 저항
형의 청소년이 남들과는 완전 다른 새로운 것 패션을 과감하게 추구
하는 개성의 표현이라면, 중간형의 학생들은 이미 형성된 유행에 편
승함으로써 자신을 표현하였다.

이는 또래집단의 유형별로 선호하는 노스페이스 패딩의 색깔에서
도 드러난다. 인터뷰에 응한 학생들 중 저항형의 청소년들은 주로 빨
간색, 노란색, 밝은 파란색 계통의 튀는 색상을 선호하였지만, 중간형
의 청소년들은 자신을 드러내고 개성을 추구하기 위해 노스페이스를
입는다고 말하면서도 선호하는 색깔은 검정, 회색, 짙은 파란색, 군청
색 계통의 무난하고 어두운 색이었다. 호피 무늬라든지, 독특한 기하
학적 무늬가 그려진 노스페이스 패딩을 보여주자 저런 옷을 어떻게
입고 다니느냐는 반응을 보이기도 하였다. 이들은 개성을 추구하면서
도 타인의 시선을 과도하게 의식한 나머지 지나치게 보편적이면서

무난한 스타일을 추구하는 모습을 보였다.

중간형 집단의 유행 집착 현상의 원인은 F3 학생이 지적한 바와 같이 중간형 학생들의 학교 내 '어정쩡한 존재감'에 있다. 순응형 집단과 저항형 집단에 비해 중간형 집단은 추구하는 가치가 불분명하다. 이런 목표의식의 부재에서 오는 심리적 불안감, 그리고 학교 내 학업, 놀이 어느 분야에서도 자신을 강하게 표현할 곳이 없는 중간형의 학생들이 자기 자신을 드러내고 각인시키려는 노력이 노스페이스에 대한 경쟁으로 나타난 것으로도 볼 수 있다. 저항형 청소년과 중간형 청소년들 모두 노스페이스를 통해 자신의 개성을 표출하고자 하나 저항형 청소년이 남들과 다른 자신을 표현하기 위한 수단으로 노스페이스 패딩을 선택하고 유행을 형성하였다면, 중간형 청소년들은 남들에게 무시당하지 않고 동화되는 속에서 자신의 존재감을 각인시키고자 유행에 적극 편승한 것으로 볼 수 있다.

이는 우리나라 인문계 고등학교 학교 현실과도 관련이 있다. 중간형 여학생의 인터뷰 내용을 보자.

제가 옷을 잘 입는다는 칭찬을 많이 들어요. 애들한테. (웃음) 공부는 잘못해요. 평균 6~7등급 정도. 열심히 해도 잘 안 되는 것 같아요. 공부보다는 다른 데 좀 흥미가 있어요. 화장하고 꾸미고 이런 거. 애들이 저보고 화장도 잘한다고 그래요. 축제 때나 이럴 때 제가 화장도 해 주고 그랬어요. 그래서 전 학교 안에서는 좀 재미없고 답답해요. 화장도 하지 말라 그러고. 그래도 저는 일진은 아니에요. 싸운 적도 없고, 오토바이 타고 다니고 그런 적도 없고. 노는 남자친구도 없고 그냥 여자애들끼리 같이 놀아요. 옷은 인터넷 쇼핑몰에서도 많이 사 입고 부대, 서면, 남포동까지도 나가요. 전 브랜드 많이 안 따져요. 비싸기도 하고 보세에 예쁜 게 더 많거든요. 근데 패딩은 노스페이스를 입어요. 왜냐하면, 학교에서는 멋낼 수 있는 게 없거든요. 교복 위에 덮어 입을 거라고는 패딩인데, 패딩

은 브랜드로 결정 나잖아요? 노페가 제일 유명하니까요. 노페가 교
복이죠 교복. (F2)

이 학생은 평소 브랜드 제품만 입는 것이 아니다. 그러나 학교 내
에서는 반드시 노스페이스를 입는다. 그리고 이를 교복이라고 표현했
다. 물론 노스페이스는 밖에서도 입지만, 노페는 학교 안에서 빛을 발
한다. 밖에 나갈 때는 꼭 노페만 입는 것이 아니라 남학생의 경우 연
예인을 흉내 내어 세미정장을 즐겨 입기도 한다. 하지만 학교에서는
어김없이 패딩을 걸친다. 학교에서는 교복을 변형시켜 멋을 내는 것
외에는 남들과 차별화하고, 독특하게 자신을 표현할 수단이 없다. 그
래서 패딩으로 경쟁하게 된 것일지도 모른다.

그래서 처음에는 검은색 패딩에서 시작해서 회색 · 검은색이 섞인
것에서, 점차 빨간색 · 파란색 같은 원색 계열을 구매하였고, 2011년
에는 밝은 노란색 등 다양한 색으로 옮겨 갔다. 이처럼 노스페이스
내에서도 차별화하려는 욕구의 표출로 남들과는 다르다는 것을 보여
주고자 한다.

제6장

유행의 소멸

유행의 본질은 한 집단의 일부가 유행을 선도하고 집단 전체가 그 뒤를 따른다는 점에 있다. 개인은 유행이 아직 일반화되지 않았다는 사실에서 만족감을 느끼고 새로운 것을 만들어 낸다. 그런데 유행이 전체를 지배하게 되면 더 이상 유행이라고 부르지 않는다(Simmel, 1985). 저항형 청소년을 중심으로 형성된 노스페이스 현상은 중간형·순응형 또래집단으로 확산되었고 학교 내 전반적인 유행이 되면서 노스페이스 유행은 시들해지기 시작한다.

▶표 20 재구매 의사

구분	학생 수	백분율
있다	125	13.2
없다	825	86.8
전체	950	100

조사대상이 된 학교의 학생들을 대상으로 전수조사 한 결과 노스페이스 제품을 더 구매할 의사가 있다는 학생은 전체의 13.2%에 그쳤다.

만약 재구매하지 않겠다면, 그 이유는 무엇인지 물어보았다.

▶표 21 재구매하지 않겠다는 이유

구분	학생 수	백분율
남들이 너무 많이 입으니 개성을 살리기 힘들다.	309	35
이미 있는 브랜드이기 때문에 같은 브랜드를 구매하는 것은 무의미하다.	88	10
기능성에 비해 가격이 과도하게 비싸기 때문이다.	91	10.3
이미 유행이 지나가고 있기 때문에 새로 유행하는 제품을 사겠다.	302	34.2
학교폭력, 등골 브레이커 등 부정적 이미지 때문에 구매하지 않겠다.	94	10.6
전체	884	100

가장 높은 비율을 차지한 답변은 남들이 너무 많이 입기 때문에 개성을 살리기 힘들다는 것이었고, 그 다음으로는 이미 유행이 지나가고 있기 때문에 노스페이스 제품보다는 새로 유행하는 제품을 사겠다는 답변이 34.2%로 뒤를 이었다. 또한 노스페이스의 고가 전략에 대한 비판 기사가 2011년 말에 지속적으로 등장하고, 가격대비 기능성이 다른 브랜드와 큰 차이가 없다는 실험 결과가 기사화된 영향으로 기능성에 비해 가격이 과도하게 비싸므로 구매하지 않는다는 응답도 있었다.

통계에서 나타난 것처럼, 노스페이스 유행이 점차 시들해지고 있다. 하지만 처음부터 유행에 편승하지 않고 노스페이스를 구매하지 않았던 학생들이 있었다. 주로 순응형에 속하는 청소년들이었으나, 앞서 언급한 경쟁에서 배제된 무기력형 순응형의 청소년들과는 다른 특성을 지닌 또래집단이 있었다.

1) 유행에 편승하지 않는 집단: 순응형 또래집단

> 저는 노스페이스 패딩이 하나도 없어요. 사실 전 나이키를 너무 좋아해서요. 예전부터 나이키만 입어요. 노스페이스는 조금······ 그 브랜드는 사람들 말도 너무 많고 가격도 좀, 너무 되도 안 하게 비싸서 안 사고 싶어요. 또 워낙 많은 애들이 입으니까요. 워낙 다들 많이 입고 다니기에 사실 엄마랑 매장에 하나 사러 가기도 했어요. 정말 학생들밖에 없더라고요. 그래서 그냥 나왔어요. 전 나이키만 입는데, 그냥 그런 이미지가 있는데 굳이 노페를 입어서 섞일 필요가 없을 것 같다는 생각도 했어요. (F4)

F4 학생은 우리 학교에서 학생들에게 '부의 대명사'라 불릴 정도로 유복한 가정의 자녀이다. F4 학생의 옷차림은 항상 유명 스포츠 브랜드의 제품이다. 나이키, 아디다스, 퓨마 등 누구나 아는 고가의 제품을 즐겨 입는다. 가장 선호하는 것은 나이키이며 패딩도 역시 나이키 제품이다. F4 학생은 나이키보다 노스페이스가 더 비싼 것은 알고 있지만 나이키라는 브랜드 자체에 대한 충성도가 너무 크기 때문에 노스페이스에 마음이 가지 않는다고 이야기한다. 또한 노스페이스로 부를 과시하는 친구들을 비판하였다.

> 여자애들보다 남자애들이 특히 더 노스페이스의 등급에 집착하는 것 같아요. 700, 800 이런 거요. 숫자가 올라갈수록 비싸지니까 잘난 척하고 싶어 하죠. 그래서 엄마 아빠가 비싼 노페 사 줬다고 자랑하고 그러기도 해요. 그런데 저는 왜 그러는지 모르겠어요. 비싼 노페와 싼 노페의 차이도 잘 모르겠고요, 계급이 나뉜 게 좀 신기하긴 한데······ 저는 그게 좀 이상해 보여요. 근데 애들 중에서 노페가 없다는 거에 대해 자존심을 상해하거나, 비싼 노페를 산 것을 부러워하는 애들이 좀 많아요. (F3)

F4 학생은 비싼 노스페이스 패딩을 입고 경제적 능력을 과시하는 것에 대해 부정적인 시각으로 바라보았다. 그리고 그런 친구들을 이해할 수 없다고 말했다. 부모님의 경제적 능력을 과시하기 위해 친구들보다 더 비싼 옷을 입는 것에 대해 옳지 않다고 생각하고 있었다. 하지만 본인 역시 모든 옷을 고가의 스포츠 브랜드 제품만 입고 있다는 점을 지적하자 고민스러운 표정을 짓다가 이렇게 대답한다.

> 저도 사실 나이키만 입으니까요. 애들이 비싼 거 입고 다닌다고 그러죠. 저도 알고 있고요, 뜬금없이 그런 생각을 해요. 나는 말만 하면 엄마가 이렇게 해 주시는데. 그것도 이런 식으로 브랜드 이런 걸로 해 주시는데. 맘에 드는 옷이 있으면 가격 생각 안 하고 그냥 사는데. 이런 거 사고 싶어도 못 가지는 애들은 나를 얼마나 부러워할까 하면서 부모님께 항상 감사하다고 말하죠. 사실 저 같은 경우는 이 지역에 계속 살았기 때문에 애들이 저희 집이 경제적으로나 여러모로 풍족하다는 것은 다 알아요. 그래서 잘산다고 저를 막 부러워하고 치켜세워 주고 그렇게 하죠. 사실 애들이 잘산다고 인정해 줄 때는 너무 기분이 좋기도 해요. 부모님의 능력 덕분이기는 하지만 제가 편하게 사니까. 저도 사실 우리 집이 잘사는 것을 옷으로 과시하고 막 드러내야 되겠다 이런 생각은 안 해 봤는데요. 방금 선생님의 질문에 대해 생각해 보니 저희 언니가 생각나네요. 지금 언니가 대학생이거든요. 집에 와서 그런 이야기를 해요. 누구는 여기 명품을 들었다더라, 쟤도 그렇다더라. 그런 언니 이야기를 듣다 보면 나도 나중에 대학 가면 저렇게 남들한테 어떻게 보여야 하나…… 하는 생각이 들기도 해요. 저도 대학 가면 언니 같은 생각이 들고 좋은 옷과 가방으로 과시하고 싶고 드러내고 싶고 그렇지 않을까요? (F4)

노스페이스 열풍은 부를 과시하는 과정에서 형성된 것이라고 생각하고 있었고, 부를 과시하기 위해 유행에 편승하여 경쟁하는 학생들을 이해할 수 없다고 말하고 있었다. 하지만 F4 학생은 노스페이스 유행에 편승할 필요가 없다. 유행을 따르지 않아도 이미 인정받고 있기 때문이다. 스스로 말하듯, 친구들이 이미 경제적으로 여유로운 것을 알고 있고 비싼 스포츠 브랜드 상품을 자주 입고 다니기 때문에 F4 학생을 무시하지 못한다. 학생의 경우에는 다른 학생들과 경쟁하면서 굳이 자신을 표현하지 않아도 되는 것이다.

> 저랑 같이 다니는 애들은 노페 추종자들이 없어요. 제가 신고 있는 신발 있잖아요. 그게 디게 평범한 거거든요? 그걸 학교에 신고 가니까 애들이 왜 이렇게 평범한 걸 샀느냐고 막 그러더라고요. 지난번에 황금신발 보셨죠? 제가 신고 온 거. 그거 신었을 때는 우아! 진짜 특이하다! 하고 친구들이 띄워 주고 그랬어요. 우리끼리는 개성을 추구하고 그래요. 뭐 개성을 추구하고 특이한 걸 입었다고 좋아하는 것도 사실 과시욕일 수도 있죠. 그런데 한쪽에서는 노스를 입었다고 과시하면 우리는 남들과는 다른 걸 입었다고 과시하는 거죠. 내가 있는 집단이니까 특별해 보이고 그럴지도 모르겠지만요. 보통 애들은 노스페이스를 입고 오는데요. 우리는 야상을 사더라도 특별한 야상 같은 거 있잖아요. 야상인데 야상 같지 않은 특별한 걸 사면 좀 쳐주죠. (M3)

> 전, 옷보다는 취미생활에 투자하는 편이에요. 책도 사 보고 악기도 사고. 집에서 그렇게 교육받아서 그런지 모르겠지만, 옷을 잘 입는다고 해서 친구들 사이에서 대접받고 그런 것에 관심 없어요. 제 친구들도 마찬가지고요. 그냥 제 공부하고, 좋아하는 책 읽고 친구들과 얘기하고, 같이 공연 보러 가고. 그런 게 좋아요. 정말 옷으로 개성을 표현하고 싶다면, 적어도 애들이 다 입는 옷은 아니어야 한다고 생각해요. (M5)

M3 학생 또한 평범한 대부분의 학생들이 따르는 유행에 편승하지 않는 것을 오히려 자랑스럽게 생각했다. 자신과 친한 무리의 학생들은 유행에 편승하지 않고 남들이 안 입는 독특한 패션을 추구하고 있다고 말했다. 그리고 의도적으로 유행을 거부함으로써 자신의 특별함을 이야기하고 있었다. 그리고 M5 학생처럼 옷 이외에 도서, 악기 등 자기

계발을 통해 자신을 가꾸고 표현해야 한다고 생각하는 학생도 있었다.

2) 탈유행현상

이미 노스페이스 유행은 소멸하고 있다. 질문지에 응답한 학생들은 이제 노스페이스는 '한물갔다', '이제 입지 않는다', '특별할 것이 없다'라고 이야기를 하는 학생이 많았다.

> 노페랑 코오롱이랑 두 개 가격대가 엄청 비싸게 되어 있잖아요. 양대 산맥처럼. 입으면 딱 자신감 생기는 그런 메이커죠. 근데 예전엔 무조건 노페노페 그랬는데 사실 요즘은 노페를 피해서 코오롱으로 가는 애들이 많아요. 노스는 넘 많이 입으니까요. 근데 그쪽으로 못 가는 애들이 네파나 블랙야크나 이런 걸 사죠.
> 이미 노페를 하나 가진 애들이 하나 더 살 때요. 뭐 만약에 27만 원짜리 노스가 하나 있다. 제일 기본형이죠. 이건 노스패딩 중에서는 제일 싼 거거든요. 근데 그거를 너무 많이 입고 다니니까 좀 차별화가 없고 해서 "아, 비싼 거 하나 더 사야겠다" 하겠죠? 그래서 좀 더 비싼 거 하나 더 사고 등급을 업그레이드하는 거죠. 그런데 노스페이스에서 계속 올리다 보면 비싸면 100만 원까지도 가거든요. 그러면 이제 대안으로 코오롱이나 딴 걸 사요. 우리 학교에서 개나 소나 다 입는 건데 낮은 등급으로 개성을 살린다거나 차별성을 살릴 수가 없는 거죠. 그래서, 근데 선생님 등골브레이커란 말 아시죠? 그래서 제일 비싼 패딩 700 넘는 거 그런 것을 사죠. 이제 못 따라가겠지 하고. 근데 사실 그것도 좀 옛말이고요, 이제 노페는 좀 식상해요. 다른 브랜드로 넘어간 것도 있고, 유행의 폭이 다양해진 거죠. 내년엔 또 새로운 게 나오겠죠. (M2)

2012년 겨울은 노스페이스 유행의 끝물이다. 30만 원대를 훌쩍 넘는 고가의 노스페이스 패딩을 입고 있는 학생들을 학교 내에서 꽤 많이 볼 수 있다. 이미 저항형 학생들은 노스페이스 외 다른 브랜드로 많이 넘어간 상황이었고, 나중에 유행에 편승한 중간, 순응형의 청소년들이 노스페이스를 여전히 입고 있었다. 저항형 청소년의 차별화 욕구도 노스페이스 유행의 소멸에 영향을 미쳤지만 더 비싼 가격의 패딩을 구매하기 위해 경쟁하는 것은 모두에게 너무 부담이 된다. 여기서 학생들의 선택은 비슷한 브랜드의 비슷한 상품으로 '갈아타는' 것이다. 위 학생의 인터뷰를 보면 현재 자신이 보유한 패딩과 비슷한 가격대의 다른 브랜드로 구매하는 것이 보통이며, 더 아래로 내려가서 사는 경우는 별로 없다고 이야기한다.

처음에 학생들이 노스페이스를 선택한 것은 대중매체에 비친 노스페이스를 입은 연예인의 모습 때문이었다. 그리고 학생들 사이에 노스페이스가 널리 알려지고 유행이 급속하게 확산된 것 또한 아이들의 우상인 배우, 가수를 기용한 등산 브랜드로서는 다소 파격적인 광고 효과였음을 부정할 수 없다. 그러나 유행의 막바지에 이른 지금, 노스페이스를 향한 대중매체의 시선은 차갑기만 하다. 그리고 이러한 부정적 기사와 보도는 아이들의 마음을 움직이고 있었다.

한국경제(2011)에서 노스페이스에 대한 생각을 묻는 설문조사에 응답자 중 85.9%인 32,999명은 노스페이스를 왜 입는지 모르겠다는 의견을 밝혔다. 이런 결과가 나오게 된 데에는 각종 미디어를 통해 노스페이스 계급이나 범죄 악용에 대한 기사가 이어지면서 부정적인 이미지가 상당 부분 작용한 것으로 보인다. 이제 학생들은 있는 패딩도 민망해서 못 입겠다고 말한다. 실제로 설문조사에 응한 대부분의 학생들이 이제 노스페이스를 안 입는다며 설문조사에 대한 상당히 부정적인 시선을 내비치며 설문조사에 비협조적인 태도를 보이는 학생도 많았다.

이제 노페 안 입을 거예요. 뉴스에서는 노페 입으면 무슨 골 빈 애처럼 말하고, 학교폭력 주범이 노페인 것처럼 말하는데요. 우리도 이제 안 입어요. 막 과시소비다 그러는데요, 사실 저는 기능성이 좋아서 입는 거였거든요. 좀 억울해요. 애들 유행 좇고 그런 거 보고도 뭐라 하는데, 사실 어떻게 보면 어른들이 더 심하죠. 명품, 명품 하면서. 그리고 우리 부모님 보니까요. 어른들도 등산복 브랜드 따지던데요? 암튼 나는 그냥 노페 입은 건데, 주변에서 하도 노페, 노페 하니까 오히려 너무 오버하는 것 같아요. 우리는 노페로 계급 나누고 안 그랬거든요. 그냥 유행이니까 하나 사 입었는데 진짜 생각 없는 애처럼 막……. (F1)

노찢남4) 동영상 보셨어요? 저도 그렇게 하고 싶은 심정이에요. 그리고 기능성 막…… 아…… 듬보잡 브랜드랑 별 차이가 없더라고요. 속은 느낌이에요. 따뜻하긴 한데. 기능이 나쁘다는 게 아니라, 가격이 이렇게 안 비싸도 될 것 같다는 말이죠. (M4)

언론에서 부정적인 보도를 하였고, 그래서 인터뷰에 응한 학생들 중 노스페이스 현상에 대해 객관적으로 바라보는 학생들도 있었다. 이들은 언론의 태도에 대해 어느 정도 수긍을 하면서도 자신들의 문화를 잘 이해하지 못하고 표면적으로 드러나는 노스페이스 유행현상에 대한 무조건적인 비판에 기분 나쁜 감정을 표출하기도 하였다. 그리고 언론의 보도 때문에 이미 구매한 노스페이스 패딩도 올해 겨울부터는 못 꺼내 입을 것 같다며 오히려 다른 패딩 제품을 또 구매해야 하는지 모르겠다는 이야기도 했다. 학생들 사이에 의견 차이는 있었지만, 모두들 공통적으로 동의한 부분은 노스페이스 유행이 이미 지나가고 있다는 것이었다. 그리고 올해 겨울에는 다른 유행이 반드시 온다는 것이었다.

---

4) '노스페이스를 찢는 남자' 한 네티즌은 노스페이스 유행의 부정적인 측면을 비판하며 길거리에서 노스페이스 패딩을 찢는 퍼포먼스를 벌이고 동영상을 인터넷에 게시하였다. http://www.pandora.tv/video.ptv?c1=09&ch_userid=smkjk&prgid=44750866&ref=na

제**7**장

결론

본 연구는 학교 내 또래문화의 한 형태로 자리 잡은 노스페이스 패딩의 유행현상이 형성되고 확산·소멸되는 과정을 소비문화, 유행, 청소년 문화 등 다양한 이론적 관점에서 살펴보았다. 특히 또래문화는 또래집단 내 또는 또래집단 간의 상호작용을 통해 형성되므로 본 연구는 노스페이스의 유행의 형성과 전파 과정을 학교 내 서로 다른 성향을 가진 또래집단의 상호작용 과정과 또래집단 속에서 나타난 학생들의 모습을 바탕으로 노스페이스 현상이 학교 내에서 가지는 문화적 의미를 찾아내고자 하였다.

노스페이스 유행은 학교 내 광범위하게 확산되어 있지만 학교 내에서도 학생들의 성향에 따라 노스페이스에 대해 부여하는 의미가 다를 것이며, 유행에 대한 민감도 또한 다를 것이라고 생각되어 또래집단의 유형을 저항형·중간형·순응형 또래집단으로 분류하고 노스페이스 패딩을 입는 행위가 갖는 의미에 대해 심층면접을 실시하였다.

본 연구의 연구결과를 유행의 형성, 전파 과정에 따라 정리하였다. 유행의 형성은 저항형 또래집단이 주도하였다. 그들은 학교생활에서

의미를 찾지 못하고 학업에 관심이 거의 없으며 성적이 낮은 편이다. 따라서 교내 생활보다는 또래집단 친구들과 함께하는 일탈적 놀이문화를 즐기는 것에 큰 비중을 두고 있다. 이러한 일탈적 놀이문화에 대한 관심은 자연히 의복에 대한 높은 관여도로 나타나게 되고, 이들은 학교 내 유행을 선도하는 집단이 되었다. 심층면접을 통해 저항형 또래집단이 노스페이스를 통해 남들과는 구별되는 특별하고 주목할 만한 유행을 이끌어 갔다는 점에서 만족감을 느끼고 있음을 확인할 수 있었다. 노스페이스 패딩의 강하고, 스포티(sporty)한 디자인 또한 저항형 또래집단이 노스페이스를 선호하게 하는 큰 이유 중의 하나였다. 덩치가 커 보이게 부풀려진 패딩은 그들의 강한 이미지와 어울렸고, 그들만의 정체성을 확립할 수 있었다. 고가의 가격 역시 중요한 의미를 갖는다. 부진한 학업성적은 다른 부분에서의 과시 욕구를 불러일으키고 고가의 패딩을 입음으로써 학교 내에 자신의 존재감을 과시하기에 이른다. 이러한 이유로 저항형 집단은 다른 또래집단과 구별되는 특별한 스타일을 통해 그들만의 결속을 다지고, 정체감을 형성하고, 다른 집단과 구별 지었다. 반면 순응형은 대학 진학을 목표로 학교 규칙에 순응하며 공부에 가장 큰 비중을 두고 있는 또래집단으로 상대적으로 유행에 민감하게 반응하지 않았다. 이들은 소비를 통해 자신을 표현하고, 과시하는 문화에 대해 부정적인 시선을 가지고 있었으며 오히려 거리를 두고자 하였다. 그러나 본인의 선택이 아니라 경제적 형편이 어려워 고가의 패딩을 구매하지 못한 학생들은 상대적 박탈감을 느끼고 있었으며 학교 내에서 무시당하고 있다고 생각하여 위축된 모습을 보이기도 하였다. 유행을 본격적으로 확산시킨 또래집단은 중간형이다. 중간형은 성적도 특별하게 우수하지 않으면서 학교체제에 크게 저항하지도 않는 집단이다. 이들은 학교 내에서 불분명한 위치 때문에 심리적 불안감을 느끼며 정체성에 혼란을 느끼고 있었다. 이들은 또래친구들에 비해 더 뒤처지지 않기 위해서 유행하는 패션을 경쟁적으로 추종하면서 자신의 존재감을 드러내고, 동조 소비를 통해 소속감을 갖고 위안을 얻고자 하였다. 그러나 과열된 경쟁은 또래집단 내 계급을 형성하기에 이르고 경제적 이유로 위세 경쟁에 참여하지 못하게 된 학생은 또래집단 내에서 심리적으로 배척당하여 자존감에 깊은 상처를 입기도 하였다.

이처럼 청소년들은 학교 내에서 또래집단 간 상호작용을 통해 노스페이스 유행문화를 형성하고 확산시켰다. 노스페이스 현상을 통해 바라본 학교 내 또래문화의 특성은 다음과 같다.

첫째, 여러 매체에서 노스페이스 현상을 '과시소비'라고 비판한 것처럼 노스페이스 현상을 통해 살펴본 또래문화는 기성세대 문화의 영향을 받은 소비 지향적 성격을 가지고 있었다. 노스페이스 패딩 점퍼는 경제활동을 하지 않는 학생이라는 신분에는 과도하게 비싸다는 의견이 지배적이고, 설문결과 학생들도 이 점에 대해서는 동의하고 있었다. 그럼에도 불구하고 학생들은 높은 필파워의 비싼 제품을 보다 더 선호하였으며 기능성 과잉의 제품을 무리를 해서라도 구매하고자 하였다. 연구결과 아이들에게 노스페이스를 입는 행위는 추위를 피하기 위한 것이라기보다 고가의 제품을 걸친 자신을 과시하면서 노스페이스가 가진 활동적인 이미지, 그리고 그 제품을 입은 연예인의 세련된 이미지와 자신을 동일시하기 위한 수단으로 기능한다는 점을 확인할 수 있었다.

브랜드 네임이 주는 자부심에 기댄 소비, 이러한 과시적 소비를 통해 또래친구들과 경쟁하는 물질 중심적 소비 지향의 문화는 명품을 선호하는 우리 사회의 한 단면을 보여준다. 우리는 상품의 가치가 물질적 속성이 아닌 브랜드 이미지와 같은 비물질적 요소에 의해 결정되는 시대에 살고 있고, 청소년들은 이 가치체계를 온몸으로 흡수하며 자라난 세대이기 때문에 또래문화가 이러한 영향을 받는 것은 당연한 것인지도 모른다. 자신의 가치를 소유하고 있는 브랜드를 통해 표현하도록 유혹하는 소비 지향적 사회에서 청소년들은 남과 다름을 노스페이스 패딩을 통해 표현하는 문화를 형성해 가고 있었다. 더 많이 소비하기 위해 경쟁하는 우리 사회의 물질중심주의 풍조는 아이들의 또래문화에 그대로 스며들었고, 자신의 가치를 옷으로 드러내고, 친구의 가치를 옷으로 평가하고 서열화하는 비뚤어진 문화가 형성되었다.

둘째, 앞서 언급한 것처럼 노스페이스를 통해 바라본 또래문화는 또래집단이 능동적으로 형성한 것이 아니라 기성세대의 주류 대중문화의 영향을 강하게 받아 확산된 것으로 보인다. 저항형 또래집단이 초기 유행을 형성하였지만 노스페이스 패션 아이템은 대중매체를 통해 소개된 것이었고, 그러므로 그들은 문화의 창조자라기보다 대중문화 속 특정 아이템을 남들보다 발 빠르게 선택한 것에 가깝다. 학교는 학생들을 문화를 형성하는 주체로 인정하기보다는 주류 문화와 가치관을 수용해야만 하는 객체로 바라보고 있다.

셋째, 또래문화는 '학교'라는 공간적 특수성에 크게 영향을 받아 형성되며 따라서 노스페이스 현상은 우리나라 입시 위주의 경쟁적 학교문화 속에서 만들어진 기형적 문화의 형태로 보인다. 연구결과, 유행의 형성과 전파 과정에서 눈여겨봐야 할 것은 과시하고 싶어 하는 욕구가 학교 내에서도 또래집단마다 상대적으로 다르게 나타나고 특히 과시욕구의 차이는 경제적 수준이 아니라 학교 내 개인의 지위, 성향에 따라 결정되는 경향을 확인할 수 있었다. 앞서 분류한 기준에 따르면 저항형, 중간형 학생일수록 노스페이스 유행 형성에 관여하고, 적극적 확산 과정에서 즐거움을 느끼고 있었는데, 이는 사실상 인문계 고등학교의 현실과 무관하지 않다. 학업성적이 제일 중요한 가치인 학교에서 성적이 좋지 않은 학생들은 설 곳이 없다. 공부에 흥미가 있는 학생들은 성적 향상을 통한 대학 진학처럼 목표가 뚜렷하기 때문에 학교 규칙을 잘 따르고 매사에 열심히 생활하지만 상대적으로 그렇지 못한 학생들은 학교 안에서 무력감을 느끼고 자신의 존재감을 드러내지 못한다. 게다가 학교의 교칙은 개성과 특별함을 허용하지 않는 경우가 많다. 똑같은 교복에, 규격에 맞는 단정한 헤어스타일을 요구하는 학교에서 개성 표출은 제한적이다. 이런 현실에서 똑같은 교복 속에서도 자신의 스타일을 표출할 수 있는 패딩이 중요한 의미를 가질 수밖에 없다. 즉 노스페이스 현상은 단순한 소비 경쟁, 계급경쟁이 아니라 그 이면에는 패션스타일이라도 남들에게 뒤처지고 싶지 않다는, 자신의 존재감을 각인시키고자 하는 '자기표현' 경쟁이라고도 볼 수 있다. 성적으로 등급을 매겨 서열화하는 교육 시스템 속에서 학업 경쟁에서 낙오된 아이들은 다른 방향으로 자신의 개성을 표출하고 뒤처지지 않기 위해서 안간힘을 쓰고 있었고, 또래 사이에 패딩점퍼로 등급을 매겨 경쟁하는 문화를 낳았다. 이러한 과정에서 불거진 비뚤어진 욕망이 오늘의 노스페이스 계급현상과 왕따, 학교폭력을 낳았다.

집단에 소속되지 못하는 소수자를 만들어 내고, 이들을 낙오시키거나 가해하는 일이 발생하는 것은 건전한 문화라고 할 수 없다. 어떠한 이유에서든 학교폭력은 용납될 수 없고, 소유하고 있는 옷에 따라 친구의 등급을 매기는 행위를 정당화할 수는 없다. 하지만 노스페이스 유행을 쫓는 청소년들에 대해 윤리적·규범적인 잣대로 비난하기 전에 그런 현상이 나타나게 된 원인에 대한 이해가 선행되어야 한다고 보며 이러한 생각에서 본 연구가 시작된 것이다.

학교는 사회화 기능을 담당하여 우리 사회의 생활양식, 가치관, 규범 등을 포함한 문화를 학생들에게 전수하여 건강한 사회 구성원으로 올바르게 성장할 수 있도록 한다. 그러나 이와 동시에 학교는 학생들이 다양한 문화적 지식을 습득하는 과정에서 또래 간 활발한 상호작용을 통해 그들만의 독특한 하위문화를 형성하는 경험을 갖고, 학생들이 스스로 문화 형성의 주체자로서 성장해 가는 토양을 제공해야 한다. 그러므로 우리는 청소년들이 어른들의 소비 지향적, 물질주의적 문화를 답습하지 않도록, 스스로가 문화 형성의 주체가 되어 다양한 문화를 만들어 갈 수 있는 환경을 만들어 주도록 노력해야 할 것이다.

성적이 우선시되는 경쟁적 교육 현실에서는 '공부를 잘하는 재능과 기술'이 가장 존중받는다. 학생 개개인의 다양한 욕구와 재능이 다양하게 표출되기 어려운 환경은 경쟁에서 뒤처진 학생들의 마음에 상처를 주고 자존감을 훼손시키며 그 결과 비뚤어진 방법으로 욕구를 분출시켜 저항적 문화, 비뚤어진 문화를 형성하기도 한다. 이들을 문제아로 낙인찍거나 기성세대의 눈으로 비판하기보다는 마음을 어루만지고 감싸 안는 것 또한 우리 어른들의 몫이 아닌가 하는 생각이 든다.

참고문헌

1. 국내문헌

Georg Simmel 저, 김덕영 역(2003). 짐멜의 모더니티 읽기. 새물결.

김명심(2001). 청소년 패션의 주체성 연구. 경희대학교 석사학위 청구논문.

김덕영(1999). 유행, 개인 그리고 사회: 이론적 논의 및 '이스트팩' 현상사례연구. 현상과 인식.

김윤옥(2009). 질적 연구 실천방법. 파주: 교육과학사.

김정실(1999). 유행과정 이론에 관한 연구. 경원전문대학논문집 21.

김지영(1998). 청소년의 과시소비성향에 관한 일연구: 고등학교 학생을 중심으로. 이화여자대학교 석사학위 청구논문.

김해룡(2003). 브랜드개성 자아일치성이 브랜드 소비자간 관계구축에 미치는 영향: 감성적 접근. 연세대학교 박사학위 청구논문.

김흥복(2001). 청소년의 과시소비성향에 관한 연구. 공주대학교 석사학위 청구논문.

구본용·김택호·김인규(1999). 청소년의 또래관계. 청소년상담문제연구보고서.

구은영·조필교(2001). 청소년의 유행채택행동－의복관여의 관점에서－. 복식문화연구 9, 592－601.

구정화(1997). 청소년 소비문화연구. 한국청소년개발원, 64－65.

궁선영(2001). 청소년 패션 스타일의 하위 문화적 의미. 이화여자대학교 석사학위 청구논문.

권순호(2000). 초등학생의 놀이문화와 여가선용에 관한 연구. 숭실대학교 석사학위 청구논문.

Grant MaCracken(1997). 문화와 소비. 문예출판사.

김민정(2001). 청소년의 상징적 소비성향과 충동구매행동에 관한 연구. 부산대학교 석사학위 청구논문.

김선숙·이은영(1995). 유행 스타일의 결정과 확산에 대한 설명모형 연구－추구가치의 양면성을 중심으로－. 한국의류학회지, 19(4), 637－650.

김창남(1994). 하위문화집단의 대중문화 실천에 대한 일 연구: 대중음악을 중심으로. 서울대학교 석사학위 청구논문.

남궁윤선(1999). 주거지역에 따른 청소년 내 하위집단들의 복식문화연구. 한국 의류학회, 86(5).

남은영(2011). 한국사회변동과 중산층의 소비문화. 나남.

Dick Hebdige 저, 이동연 역(1998). 하위문화-스타일의 의미. 현실 문화 연구.

맹리선(2008). 청소년이 선호하는 의복색이 자기표현 욕구와 패션관심도에 미치는 영향. 중앙대학교 석사학위 청구논문.

박기웅·조정연(2010). 현대소비사회에서의 취향과 유행의 상관성과 대중문화의 역할. 한국콘텐츠학회논문지 10(2), 165-175.

박재흥(1995). 신세대의 일상적 의식과 하위문화에 관한 질적 연구. 한국사회학 29, 651-683.

서봉연(1993). 자아정체감의 형성과 발달. 청소년 심리학. 서원.

서정희·백경미(1993). 청소년소비자의 의복에 대한 몰입, 외적정보탐색 및 만족에 관한 연구. 울산대학교 자연과학논문집 3(1), 41-92.

석승혜(1999). 저항적 하위문화에 대한 일 연구-폭주족을 중심으로. 이화여자대학교 석사학위 청구논문.

신경림 외(2004). 질적 연구방법-포커스그룹인터뷰. 서울: 현문사.

심정은·고애란(1997). 청소년기의 자의식 및 체중조절행동과 의복행동과의 관련연구. 한국의류학회 21(8), 1334-1345.

안영희(1999). 청소년의 과시소비성향과 관련변수: 경주시 청소년을 중심으로. 동국대학교 석사학위 청구논문.

오인희(2001). 고등학생의 자기효능감이 의복의 유행성 동조성 및 과시 소비에 미치는 영향. 전남대학교 석사학위 청구논문.

유송옥·이은영·황선진(1996). 복식문화. 교문사.

윤원숙(2003). 청소년의 심리적 특성, 또래수용과 의복태도와의 관련 연구. 공주대학교 석사학위 청구논문.

이남범(1985). 문제여고생의 의복행동에 관한 의식과 자아개념과의 상관연구. 이화여자대학교 석사학위 청구논문.

이미아·이은영·김난도(2008). 패션상품의 문화적 의미와 소비의례연구.

이희남·김광경(1989). 유행이론에 관한 고찰. 상지대논문집 10.

전승녕(2000). 20-30대 중간계급 여성의 패션 취향에 관한 사회학적 연구. 이화여자대학교 석사학위 청구논문.

장하성·유진이(2012). 청소년문화. 양서원.

정양은(1985). 사회 심리학. 법문사.

조성남·박선웅(2001). 청소년 하위문화와 정체성, 정치. 사회과학연구논총 7.

조용환(1999). 질적연구: 방법과 사례. 교육과학사.

이용숙·김영천(1998). 교육에서의 질적 연구. 서울: 교육과학사.

이종규(2006). 질적연구방법론, 서울: 교육과학사.

이희연(1994). 청소년 또래문화 조사연구. 한국청소년연구 17(여름), 155 – 173.

Jeniffer Mason 저, 김두섭 역(2005). 질적 연구방법론. 서울: 나남출판.

Jean Baudrillard(1970). 소비의 사회. 문예출판사.

정규진(2004). 자기표현과 외모관리 행동 및 신체노출 관련연구. 연세대학교 석사학위 청구논문.

조성남·이동원·박선웅(2003). 청소년의 하위문화와 정체성: 또래집단, 가족, 학교를 중심으로. 서울: 집문당.

최민영(2009). 청소년의 의류구매행동에서 나타난 과시소비성향과 동조성향 분석. 성신여자대학교 석사학위 청구논문.

최세영(1986). 고교생 또래집단특성과 학교관련태도의 관련연구. 한국교원대학교 석사학위 청구논문.

최옥희(2009). 청소년들의 표현 욕구에 따른 교복수선 행태 조사. 조선대학교 석사학위 청구논문.

최윤진(1999). 청소년문화. 청소년학총론. 한국청소년학회.

최은미(2009). 브랜드 인지도와 패션관심도가 청소년 의복구매행동에 미치는 영향: 캐주얼 브랜드를 중심으로. 공주대학교 석사학위 청구논문.

Pierre Bourdieu(1979). 구별 짓기. 새물결.

한소희(2000). 대중음악 소비와 정체성 형성에 관한 시론적 연구 – 1990년대 청소년 하위문화를 중심으로. 고려대학교 석사학위 청구논문.

한승민(2004). 나이키의 의미변화로 본 브랜드 소비문화 연구 – NICE에서 NIKISM까지. 부산대학교 석사학위 청구논문.

한영민(2007). 청소년 문화가 자아정체감에 미치는 영향 고찰. 인간이해 28.

한준상·이춘화·윤옥경(2000). 청소년의 신체적 자아상에 관한 연구, 한국청소년 정책연구원.

한국청소년개발원(2005). 청소년문화론. 교육과학사.

허정아(1997). 청소년의 일탈성향과 의복행동간의 상관연구. 이화여자대학교 석사학위 청구논문.

황선진·남궁윤선·이종남(1998). 청소년이 지각하는 또래집단의 유형과 의복행동.

2. 국외문헌

Sato Ayako(1994). 국제화시대의 자기표현학. 서울: 한국산업훈련연구.

Kaiser, Susan B(1989). The Social Psychology or Clothing. Macmillan Punishing Company.

King, C. W.(1963). Fashion Adoption: A Rebuttal To The Trickle−down Theory. in Toward scientific maketing, edited by S, A, Greyser. Cicago: American marketing Association.

Lury, Celica.(1996). Consumer Culture. Cambridge: Polity Press.

Simmel(1957). Fashion. American Journal of Sociology, 62, 541−558.

Mason · K & Roger(1981). Conspicuous Consumption: A Study of Exceptional Consumer Behavior. N.Y: St. Martion's Press.

Veblen, T.(1989). The Theory of the Leisure Class. N.Y.: Pengguin Books.

3. 신문기사

노스페이스 점퍼 빼앗아 내다판 10대 무더기 적발(2012.2.10). 경향신문.

등골 브레이커 '노스페이스' 비싼 이유 따로 있었네(2011.4.29). 동아일보.

노스페이스 계급도까지 등장, 계급 따라 입는 옷이 달라?(2011.12.18). 동아일보.

일진들, 노스페이스만 보면 군침, 대장은 69만 원짜리 빨간색 선호, 일반학생 은 뺏길 각오하고 입어(2012.2.9). 조선일보.

강남아이들이 노스페이스를 잘 안 입는 이유는?(2012.1.15). 한겨레.

노스페이스 이젠 싫다(2012.2.15). 한겨레.

10대들 사이에 확산되는 노스페이스 유행 왜?(2011.11.21). 한겨레.

네티즌 86% 노스페이스 왜 입는지 모르겠다(2012.2.24). 한국경제.

한국은 지금 노스페이스 열풍을 앓고 있다(2012.2.1). 한국경제.

부 록

학교 내 또래문화의 형성과 전파 과정에 대한 설문조사
(노스페이스 현상을 중심으로)

안녕하세요?

이 설문은 여러분이 학교 내 또래문화의 한 형태로 자리 잡은 노스페이스 현상이 또래집단 내에서 어떻게 형성, 전파되었는지를 살펴보기 위한 것입니다.

여러분이 응답한 내용은 순수한 연구목적이 아닌 다른 용도로 절대 사용되지 않으며, 여러분의 개인정보는 철저하게 비밀이 유지됩니다.

편안한 마음으로 한 문항도 빠짐없이 자신의 생각을 솔직하게 답해 주시기를 부탁드립니다.

설문에 응답해 주셔서 진심으로 감사합니다.

2012년 4월
부산대학교 교육대학원
사회교육전공 서민경

1. 노스페이스 제품(패딩, 바람막이 종류)을 가지고 있습니까?

　① 있다(2번부터 응답)　　② 없다(10번부터 응답)

* 2번~10번은 노스페이스 제품을 구매한 학생들만 응답합니다.

2. 노스페이스 제품(패딩, 바람막이, 내피 종류)을 몇 개 가지고 있습니까?

　① 1개　　② 2개　　③ 3개　　④ 4개　　⑤ 5개 이상

3. 보유하고 있는 패딩제품의 등급(필파워)은 무엇입니까? (복수응답 가능)

   ① 550　② 600　③ 700　④ 800　⑤ 900

4. 보유하고 있는 제품의 가격대는 어떠합니까? (복수응답 가능)

   ① 20만 원 미만　② 20만 원대　③ 30만 원대

   ④ 40만 원대　　⑤ 50만 원대 이상

5. **맨 처음 구입**한 노스페이스 제품의 색상은 무엇입니까?

   ① 무늬 없는 검정, 회색 계열

   ② 진하고 어두운 청색, 보라색

   ③ 밝은 파란색, 하늘색 계열

   ④ 밝은 초록색, 연두색 계열

   ⑤ 밝은 노란색 계열

   ⑥ 밝은 빨간색 또는 핑크

   ⑦ 형광색 계열

   ⑧ 색깔은 무난하나 무늬가 화려하고 특이한 것(호피무늬, 기하학적인 무늬 등)

6. **현재 보유하고 있는** 노스페이스 제품의 색상을 **전부** 체크해 주세요.

   ① 무늬 없는 검정, 회색 계열

   ② 진하고 어두운 청색, 보라색

   ③ 밝은 파란색, 하늘색 계열

④ 밝은 초록색, 연두색 계열

⑤ 밝은 노란색 계열

⑥ 밝은 빨간색 또는 핑크

⑦ 형광색 계열

⑧ 색깔은 무난하나 무늬가 화려하고 특이한 것(호피무늬, 기하학적인 무늬 등)

7. 노스페이스의 바람막이, 패딩을 최초로 구매한 시기는 언제입니까?

① 2008년 이전 ② 2009년 ③ 2010년 ④ 2011년 ⑤ 2012년

8. 처음에 노스페이스 상품을 구매할 때, 노스페이스 제품이 다른 등산복 브랜드보다 어떤 점이 더 매력적이었나요?

① 다른 브랜드의 제품보다 가격이 고가이므로 고급스러운 느낌이 난다.

② 다른 브랜드에 비해 가볍고 따뜻하므로 품질이 좋고 기능성이 우수하다.

③ 디자인이 세련되었고 색감이 다른 회사의 제품보다 선명하고 좋다.

④ 브랜드 심벌이 예쁘고 가슴과 등에 새겨져 있어서 눈에 잘 띈다.

⑤ TV에 연예인들이 많이 입고 나오고, 광고를 해서 인지도가 높고 믿음이 간다.

⑥ 별다른 이유는 없고 그냥 친구들이 많이 입으니까 구매하였다.

9. 노스페이스는 어떤 경로로 갖게 되었습니까? (복수응답 가능)

① 부모님께 사 달라고 꾸준히 설득한 결과 사게 되었다.

② 부모님께서 친구들에게 무시당할까 봐 알아서 사 주셨다.

③ 아르바이트를 하면서 스스로 돈을 벌어서 구입하였다.

④ 친구의 것과 바꾸어 혹은 빼앗아 입었다.

⑤ 용돈을 모아서 구입하였다.

* 10번, 11번은 노스페이스를 구매하지 않은 학생만 응답합니다.

10. 처음부터 노스페이스를 사지 않은 이유는 무엇인가요?

① 부모님을 졸라 봤지만 가격이 너무 비싸서 안 사 주셨다.

② 원래 옷에 관심이 없기 때문에 노스페이스에도 관심이 없다.

③ 일진이 많이 입기 때문에 불량스럽고 노는 이미지 때문에 거부감이 든다.

④ 금전적으로 부담이 되므로 부모님께 효도한다고 생각하고 사지 않았다.

⑤ 다른 좋아하는 다른 브랜드가 있어서 그 브랜드에만 충성하고 싶다.

⑥ (기타:)

11. 노스페이스를 입지 않아서 생긴 불편한 점이 조금이라도 있다면 무엇입니까?

① 친구들 사이에 유행하는 아이템이 없으니 자신감이 떨어지는 것 같다.

② 친구들 사이에서 무시당하고 유행에 뒤처지는 것 같은 느낌이다.

③ 집안형편이 좋지 않은 것이 드러날 것 같아 눈치 보일 때가 있다.

④ 나 혼자 못 입었다는 생각에 소외감을 느낄 때가 있다.

⑤ 기능성이 좋지 않은 바람막이, 패딩을 입고 다니기 때문에 보온성이 떨어진다.

⑥ 불편한 점이 전혀 없다. (기타:)

※ 다음은 공통 질문입니다.

12. 학생들이 학교에서 교복 위에 패딩, 바람막이를 입는 가장 큰 이유는 무엇이라고 생각하나요?

① 교복과 어울린다.

② 편하고 활동적이다.

③ 따뜻하고 실용적이다.

④ 경쾌하면서도 강해 보이는 이미지 때문이다.

⑤ 친구들이 많이 입기 때문에 패딩, 바람막이가 오히려 무난하다.

13. 최근 들어 등산복 브랜드의 패딩, 바람막이가 다른 스포츠 브랜드보다 유행하는 이유가 무엇이라고 생각하나요?

① 다른 스포츠 브랜드에 비해 고가이므로 경제적으로 여유 있어 보인다.

② 가격이 비싼 만큼 기능성이 우수하고 제값을 할 것이라는 생각 때문이다.

③ 부모님과 함께 입을 수 있기 때문에 더 경제적이다.

④ 패딩, 바람막이는 등산복 브랜드가 훨씬 더 품질이 우수하다.

⑤ 연예인들이 많이 입고 나오고 광고를 예전보다 많이 하기 때

문에 친숙한 느낌이다.

⑥ (기타:)

14. 앞으로 노스페이스 패딩을 구매할 의향이 있습니까?

　① 예(16번부터 응답)　② 아니오(15번부터 응답)

15. 노스페이스 바람막이 또는 패딩 제품을 하나 더 구매할 의향이
　　없다면 그 이유는 무엇입니까?

　① 남들과 똑같은 제품을 입으니 더 이상 개성을 살리기 힘들다.

　② 이미 여러 개가 있기 때문에 같은 브랜드의 제품을 또 구매
　　하는 것은 무의미하다.

　③ 기능성에 비해 가격이 너무 과도하게 비싸기 때문에 사지 않겠다.

　④ 이미 유행이 지나가고 있기 때문에 새로 유행하는 다른 제품
　　을 구매하겠다.

　⑤ 일진, 학교폭력, 등골브레이커가 떠오르기 때문에 이미지가
　　나빠져서 구매하지 않겠다.

　⑥ (기타:)

※ 다음은 <u>공통 질문</u>입니다. 문항을 읽고, 자신의 생각과 가장 가까운 곳에 ✔로 표시해 주세요.

번호	내용	매우 그렇지 않다	별로 그렇지 않다	보통 이다	대체로 그렇다	매우 그렇다
16	노스페이스를 구매할 때 나의 개성과 패션 센스를 잘 표현해 줄 것 같아서 구매하였다. (하고 싶다)	①	②	③	④	⑤
17	노스페이스를 입으면 친구들 앞에서 주눅 들지 않고 당당해지는 것 같은 느낌이 든다. (들 것 같다)	①	②	③	④	⑤
18	같은 노스페이스라도 남들이 잘 안 입는 튀는 컬러, 디자인의 제품을 구매하였다. (하고 싶다)	①	②	③	④	⑤
19	내 마음에는 들지만 아무도 안 입는 디자인, 컬러의 제품을 입는 것은 꺼려진다.	①	②	③	④	⑤
20	성적이나 외모가 평범하다면 옷을 잘 입어서 자신의 개성을 드러낼 필요가 있다고 생각한다.	①	②	③	④	⑤
21	친한 친구들이 노스페이스를 입으면 나도 비슷한 수준의 옷을 입어야 할 것 같다.	①	②	③	④	⑤
22	노스페이스는 친구들이 많이 입기 때문에 입으면 소속감과 안정감이 든다.	①	②	③	④	⑤
23	친구들이 입고 있는 노스페이스 옷이 나만 없으면 불안함을 느낀다. (느낄 것 같다)	①	②	③	④	⑤
24	친구가 노스페이스 옷을 입고 오면 가격대와 등급을 의식적으로 살핀 적이 있다.	①	②	③	④	⑤
25	집이 잘 사는 일진(저항형)일수록 높은 등급의 노스페이스 제품을 구매하는 것 같다.	①	②	③	④	⑤
26	노스페이스와 어울리지 않는 학생이 비싼 노스페이스 패딩을 입고 오면 우스워 보인다.	①	②	③	④	⑤
27	노스페이스 옷은 상표와 옷의 등급(필파워)이 남들에게 잘 보이기 때문에 인정받는 느낌이다.	①	②	③	④	⑤
28	노스페이스 패딩의 상표와 등급을 친구들이 알아봐 주면 뿌듯하고 기분이 좋아진다.	①	②	③	④	⑤
29	가정형편 좋지 않은 아이들이 남에게 보여주기 위해 비싼 브랜드의 옷을 입고 싶어 하는 경향이 있다.	①	②	③	④	⑤
30	싸구려 브랜드의 옷을 입으면 학교에서 은근히 무시당할 것 같은 느낌이 든다.	①	②	③	④	⑤

31	아무리 마음에 들어도 남들이 모르는 상표의 옷이면 구매하고 싶지 않다.	①	②	③	④	⑤
32	나는 학교 내에서 유행을 선도하는 스타일이다.	①	②	③	④	⑤
33	노스페이스의 유행이 지난 후에는 입고 싶어지지 않을 것 같다.	①	②	③	④	⑤
34	남들과 똑같이 유행을 쫓아가기는 싫어 일부러 유행을 따르지 않는 편이다.	①	②	③	④	⑤
35	유행이 너무 광범위해지면 유행하는 옷을 입기 싫어진다.	①	②	③	④	⑤
36	노스페이스의 기능성과 디자인이 좋아도 아무도 입지 않는다면 나도 사지 않을 것 같다.	①	②	③	④	⑤

37. 아래의 표를 참고로 하여 **자신이 속한 또래집단의 유형에 가장 가까운 것**을 선택하세요.

	A	B	C
공부와 관련된 태도	– 항상 수업태도가 좋고 공부를 열심히 한다. – 모범생이라 불리거나, 눈에 띄거나 사고를 치지 않고 조용히 학교생활을 한다.	– 공부도 해야 할 것이지만 공부 외에도 중요한 것이 많아서 한눈을 팔기도 한다. – 일진이라 불릴 만큼 놀지는 않지만 적당히 놀면서 학교생활을 한다.	– 공부나 대학 진학에 큰 관심이 없고 친구들과 어울려 노는 것이 좋다. – 학교에서 '잘 논다'는 평판을 듣고 친구들 사이에서도 싸움을 잘하거나 잘 놀기로 유명하다.
학교 규칙에 대한 태도	– 두발이 단정하다. – 교복을 원래 형태 그대로 입거나 과도하게 줄이지 않는다. – 교칙을 위반하는 장신구를 착용하지 않는다. – 스타일, 외모를 꾸미고 유행을 따르기보다 공부가 더 중요하다. – 교사에게 예의 바르다.	– 두발, 복장 관련 교칙에 대한 불만이 있어 어기는 경우가 많다. (화장, 교복 줄여 입기, 유행하는 세어스타일 등) – 스타일, 외모를 꾸미는 것을 좋아하고 유행에 민감하다. – 선생님 말을 잘 들을 때도 있지만 어기는 경우도 있다.	– 두발, 복장 관련 교칙에 대한 불만이 있어 어기는 경우가 많다. (화장, 교복 줄여 입기, 유행하는 세어스타일 등) – 스타일, 외모를 꾸미는 것을 좋아하고 유행에 민감하다. – 선생님 말을 잘 듣지 않고, 반항적인 태도를 취할 때가 많다.

① A유형　　② B유형　　③ C유형

38. 성별
　　① 남자　② 여자

39. 학년
　　① 고등학교 1학년　　② 고등학교 2학년　　③ 고등학교 3학년

40. 성적
　　① 과목 평균 1~2등급 이내　② 과목 평균 3~4등급 이내
　　③ 과목 평균 5~6등급 이내　④ 과목 평균 7~8등급 이내
　　⑤ 과목 평균 9등급 이하

41. 가정형편은 어떤 편인가요?
　　① 경제적으로 여유가 있다　　　② 먹고사는 데 걱정은 없다
　　③ 친구들보다 약간 가난한 편이다　④ 생계가 걱정되는 상황이다

42. 한 달 평균 용돈은 얼마인가요?
　　① 1만 원 이하　② 2~5만 원　③ 5~10만 원
　　④ 10~15만 원　⑤ 15만 원 이상

43. 용돈 지출 중 가장 지출규모가 큰 부분은 무엇인가요?
　　① 의류, 신발 등 패션 관련 제품 구매
　　② 도서 및 학용품 등 학업 관련 제품 구매

③ 취미, 놀이(PC방, 노래방 등)와 관련된 지출

④ 악기구매, 도서 등 자기 계발과 관련된 지출

⑤ 식비

44. 계절에 따라 옷을 사는 데 드는 비용은 평균적으로 얼마 정도
인가?

　① 10만 원 미만　　② 10~20만 원 미만

　③ 20~30만 원 미만　④ 30~40만 원 미만　⑤ 40만 원 이상

45. 바람막이, 패딩 제품을 몇 개 가지고 있습니까?

　① 없다　② 1개　③ 2개　④ 3개　⑤ 4개 이상

46. 보유하고 있는 바람막이, 패딩 제품의 종류는 어떠합니까? (중
복표기 가능)

　① 노스페이스　② 코오롱　③ 네파　④ K2

　⑤ 블랙야크　⑥ 콜롬비아 등 기타 등산복 브랜드

　⑦ 나이키　⑧ 아디다스　⑨ 퓨마

　⑩ 뉴발란스, 아식스, 리복, 프로스펙스 등 기타 스포츠 브랜드

　⑪ 폴햄, 지오다노 등 캐주얼 브랜드

　⑫ 유명 브랜드가 아닌 제품(브랜드 없는 제품)

설문에 응해 주셔서 감사합니다.

서민경

부산대학교 일반사회교육과 졸업
동 대학원 교육대학원 졸업
물금고등학교 교사

곽한영

서울대학교 교육학 학사·석사·박사
부산대학교 교수
이화여자대학교 교육대학원 겸임교수
한국법교육센터 본부장

학교 내 또래문화의 형성과 전파

초 판 인 쇄 | 2013년 6월 21일
초 판 발 행 | 2013년 6월 21일

지 은 이 | 서민경・곽한영
펴 낸 이 | 채종준
펴 낸 곳 | 한국학술정보㈜
주　　소 | 경기도 파주시 문발동 파주출판문화정보산업단지 513-5
전　　화 | 031) 908-3181(대표)
팩　　스 | 031) 908-3189
홈 페 이 지 | http://ebook.kstudy.com
E - m a i l | 출판사업부 publish@kstudy.com
등　　록 | 제일산-115호(2000. 6. 19)

ISBN　978-89-268-4360-4 03330 (Paper Book)
　　　　978-89-268-4361-1 05330 (e-Book)

이담 Books 는 한국학술정보(주)의 지식실용서 브랜드입니다.